Kristine von Soden

Lesereise Nordfriesische Inseln

Kristine von Soden

Lesereise Nordfriesische Inseln

Wolkenbilder, Watt und Meeresköche

Picus Verlag Wien

Für Max und Caro

Grafische Gestaltung: Dorothea Löcker, Wien
Umschlagabbildung: © Johannes Brouwer
Druck und Verarbeitung: Remaprint, Wien
ISBN 978-3-7117-1013-0

Informationen über das aktuelle Programm
des Picus Verlags und Veranstaltungen unter
www.picus.at

Inhalt

NF

Amtliches Kennzeichen und Lebensgefühl

Nein, nein, das sind die Ostfriesen, die Sie meinen! Über die die Witze gemacht werden, mit denen sich Otto eine goldene Nase verdient. Mit den Nordfriesen hat das nichts zu tun. Und die Westfriesen sind wieder ein anderes Ressort. Wehe, man bringt das alles durcheinander. Muss man schon aufpassen. Sonst kriegen die einen *bi de Büx*. Noch schlimmer: Sie verstehen nur Bahnhof, weil Ihr Gegenüber auf Friesisch schimpft. Doch das kommt selten bis gar nicht vor. Schließlich ist man aufeinander angewiesen. Die Gäste auf nette Vermieter. Und die Vermieter auf nettes »Pensionsvieh«. Nein, so werden nicht Sie genannt! Sondern die Kühe und Rinder vom Festland, die im Frühling mit der Fähre zum Beispiel auf die Hallig Langeneß verfrachtet und zum Winter gut durchgepustet von ihren Besitzern wieder abgeholt werden.

Friesisch sprechen die Friesen normalerweise nur unter sich. Geht auch schlecht anders. Ist doch das Nordfriesische, das zum Nordseegermanischen zählt, ein Oberbegriff für mehrere Hauptdialekte, die untereinander völlig verschieden sind: Sölring spricht man auf Sylt, Öömrang auf Amrum, Fering auf Föhr, Halifresk auf den

Halligen und Halunder oder Halunner auf Helgoland. Weitere friesische Dialekte kommen »auf dem Kontinent« zwischen Husum und Dänemark hinzu, daneben läuft noch Dänisch, das plattdänische Südjütisch (Sønderjysk), Plattdeutsch und natürlich Hochdeutsch im Alltagsbetrieb.

Denkt man gar nicht, oder?

Seit 1970 ist Nordfriesland ein eigener Kreis. NF das amtliche Kennzeichen. Am Mercedes, Opel oder Trecker auf den Inseldörfern stinknormal. In Hamburg noch bis in die Anfänge der Generation Golf total abgefahren, sofern jene magischen zwei Buchstaben auf dem Nummernschild eines Cabrios mit Aufreißercharme am Lenkrad nach Jagdfieber rochen: Hey, Baby, Bock auf Beachparty-Spritztour zu meinem Zweitwohnsitz auf Sylt? Natürlich rauschten auch dezente NF-Karossen über Jungfernstieg und Elbchaussee, wie es sich für hanseatisches Understatement ziemt. Werbung machten sie alle. Gewollt oder nicht. Für NF = Sylt = Geld spielt keine Rolex = Schöne und Mondäne, Groupies und Golden Girls. An die inselfriesischen Schwestern Amrum und Föhr dachte kein Mensch, wenn NF mit Lichthupe triebgesteuert auf der Überholspur nervte oder an der Ampel bei Umschalten auf Grün mit quietschenden Reifen Vollgas gab. Doch längst bekam Sylt jede Menge Konkurrenz. Besonders von den Stränden an der schönen alten Ostsee zwischen Warnemünde, Rügen und Usedom. Viele Hamburger tauschten Sylt, Markenzeichen

»die Insel«, gegen teuer sanierte Küstenträume in Mecklenburg-Vorpommern, wenngleich es keineswegs leichtfiel, statt mit NF am Auto nun mit NVP = Nord-Vorpommern oder womöglich gar OVP = Ostvorpommern (in eingeweihten Kreisen = Ost-Vorpolen) durch die Gegend zu fahren. Ziemlich unsexy.

Die echten Sylter (soweit auf der Insel noch vorhanden), die echten Amrumer und Föhrer beobachteten den touristischen Wandel gelassen und waren sich im Verein mit ihren treuen Gästen gewiss, dass das Nordfriesische immer einmalig und unschlagbar bleiben wird.

Damit hatten sie recht.

Puderfeiner Sand, der noch monatelang aus Taschen und Nähten rieselt, *Köm* und Krabbenkutter, Seehundsbänke und Seenotkreuzer, kernige Sprüche, die durch Krisen helfen, Typen, die nichts aus der Fassung bringt, Brandungsbaden statt Brustschwimmen und last but not least *Biike-Brennen* mit Grünkohl und Schweinebacke satt – dem nordfriesischen »Nationalfest« am Vorabend des Petritages zur Vertreibung böser Geister: Das und noch mehr verbinden die meisten heute mit NF, Nordfriesland. Eher nebenbei wird wahrgenommen, dass die Straßen Lung Wai, Smääljaat, Bräätlun oder Uasterstigh heißen, Hotels, Pensionen, Restaurants »Rooad Weeter«, »Hüs Senskiin«, »Ekke Nekkepen« und die Friesenkinder Gönke, Ketel, Ipsen, Kreske, Nahmten, Moiken, Miele, Gesche, Wögen, Brar. Welches davon sind

Mädchennamen? Eine Frage für Sylt-Fan Günther Jauch.

Über die Friesen, lateinisch Frisii, Frisiones, ihre Herkunft aus der Nordseeregion zwischen Zuidersee, heute Ijsselmeer, und Weser sowie ihre Besiedlung von Sylt, Amrum und Föhr, einschließlich der Marschen an der schleswig-holsteinischen Westküste, ab etwa 800, wurden Berge von Büchern geschrieben. Stürzen Sie sich bloß nicht leichtsinnig in diese Lektüre! Schon gar nicht einfach mal so, zwecks touristischer Vorabinfo. Die Geschichte Nordfrieslands, die immer auch eine Geschichte Schleswig-Holsteins war und ist, hat es nämlich in sich. Ist verknotet wie ein dickes Schiffstau. Geeignet für zitatfeste Dissertationen. Und nur zu verdauen, wenn man ernsthafte Ambitionen besitzt, sich in die Untiefen der verwirrend vielen Verwaltungsformen sowie wechselnden Landesherren und Landesteilungen zu begeben und mehr als bloß grobe Eckdaten wie die Erstürmung der Düppeler Schanzen zu hören. Bei den jahrhundertelangen Auseinandersetzungen zwischen der dänischen Krone, die uns in Nordfriesland auf Schritt und Tritt begegnet, den Herzögen, mal von Gottorf, mal von Schleswig, mal von Lauenburg, Preußen, Österreich und noch lange nicht am Schluss dem zaristischen Russland, kann man schnell *durch'n Tütel* kommen. Denn auch Kontrahenten wie Koalitionen drehten sich wie der Wind. Erst als sich Preußen 1867 ganz

Nordfriesland einverleibte, womit Kopenhagen hier ein für allemal nichts mehr zu melden hatte und auch Österreich in die Flucht geschlagen worden war (obwohl es noch 1864 mit seinen k.u.k. Jägerbataillonen zum Beispiel auf Föhr als »Besatzungsmacht« fungiert hat), wurde die Lage übersichtlich. Das bedeutete allerdings nicht, für jeden auch schön. Zu den Waffen griffen die Friesen übrigens nie. Sie sind auch nie unter ihrer Fahne mit dem blau-rot-gelben Friesenwappen, »Freiheit« grölend über die Deiche marschiert. Fuchtig können sie allerdings werden, wenn man ihnen *schräge* kommt.

Am 11. November 2004 trat eine Wende in der friesischen Zeitrechnung ein, als der Kieler Landtag das »Friesisch-Gesetz« verabschiedete. Hinter den drögen Paragraphen steckte die Absicht, die schillernde friesische Sprache lebendig zu halten. Seitdem wurde im platten Land mit dem Wahlspruch: *Rüm Hart – Klaar Kiming*, Weites Herz – Klarer Horizont, vieles zweisprachig bestückt, vor allem Ortsnamen und Gebäude wie zum Beispiel das Finanzamt der Region, das *Stüüramt Nordfriislon.*

Friiske böke, friesische Bücher, gibt es mehr und mehr auf dem Markt – ernste, heitere oder solche zum Spracherwerb. Ein Knüller seit 2010: der *Friisk Funk* im Offenen Kanal, täglich morgens ab acht Uhr auf 96.7 MHz: *Radioo önj än frasch kamt rüt*, Radio an und Friesisch kommt raus, so die Werbung für das Projekt, das Nachrichten, Musik und Kultur über den nordfriesischen Äther schickt.

Wer Englisch kann, das der Mundart der Friesen nähersteht als Deutsch, lernt Friesisch wie im Schlaf. Empfehlenswerte Bettlektüre: *Snaak friisk!* Siebenhundertsiebenundsiebzig häufig benutzte Vokabeln stehen in diesem alltagspraktischen Lexikon. Zum Beispiel Sommersprossen, Amrumer Friesisch: *friaknang*, Föhrer Friesisch: *friiken*, Englisch: *freckles*.

Herzlich willkommen! Welcome! *Hartelk welkimen!*

Stiller Empfang bei den Deichgrafen

Mit wolliger Neugier begrüßen Schafe die ankommenden Gäste

Es zieht sich noch eine ganze Weile hin, sobald man hinter Heide/Holstein auf der Höhe von Husum angekommen ist – der Stadt »am grauen Strand, am grauen Meer«, wie uns der Schriftsteller und Advokat Theodor Storm über seinen Geburtsort eingebläut hat. Düsternis und Nässe fällt vielen Menschen als Erstes und Einziges ein, wenn sie von der Gegend hier hören, wobei zwischen jenen zu unterscheiden ist, die die leidvolle Erfahrung gesammelt haben, dass sie sich für den Norden nicht eignen, und dem nicht unerheblichen Rest, der gar nicht weiß, wo Schleswig-Holstein anfängt und aufhört, ganz zu schweigen von Nordfriesland, trotzdem aber über die meteorologischen Zustände quakt. Stimmt: Immerblauen Himmel, immerwarmes Wasser, immer Sonne, immer gut drauf – das gibt es nicht. Selbst an lauen Frühlingstagen, wo andere mit coolen Drinks last Minute unter Palmen an Pools abhängen, muss man im Norden noch mit dem Schlimmsten rechnen: nassen Füßen, Gischt im Gesicht, Windböen, die einen umhauen, Hunden, die nicht nach Hause wollen, weil sie in der großen Freiheit am Strand durchdrehen. Und wenn dann womöglich noch Dauerregen naht, sitzt man in der Bude, säuft Grog und flüstert leise die Verse unseres Küstendichters, der da stets »des gärenden Schlammes geheimnisvollen Ton« hörte, »einsames Vogelrufen – so war es immer schon«.

War es immer schon? Nicht für uns. Wir sehen das ganz anders.

Nach Husum führt die B 5 an Bredstedt vorbei, wo in den Räumen der alten Volksschule das international renommierte *Nordfriisk Instituut* residiert, das sich um den Erhalt und die Pflege der nordfriesischen Kultur kümmert. Wenig später zeigt ein Wegweiser zur Hamburger Hallig. Scheibe runter und schon mal schnuppern. Doch das Meer ist noch zu weit entfernt, um den Tang zu riechen, das Salz auf den Lippen zu schmecken oder ein bisschen frische Brise zu spüren. Außerdem ist unser Ziel weiter nördlich in Dagebüll: der Fähranleger nach Amrum/Föhr. Ein aufregendes Kribbeln stellt sich jedes Mal ein, als würde ein neuer Lebensabschnitt bevorstehen, eine Generalinventur von Haben und Sein, sobald uns die eine, alles entscheidende Linkskurve von der Hauptstraße runter zu den Kögen und Deichen bringt. Es ist erst kurz vor sechs. Die saftigen Marschen liegen noch im Schlaf, von Tau bedeckt. Dunst verwischt alle Konturen, lässt Feen und Kobolde umherhuschen. Wäre jetzt November, käme der Schimmelreiter über den Graspfad galoppiert. Aber wir haben Mai.

Seit über tausend Jahren werden an der nordfriesischen Küste Deiche gegen die Urgewalten des Meeres gebaut. Anfangs anderthalb Meter hoch, was fast schon himmelstürmend erschien, indes nicht im Geringsten ausreichte, um die schweren, Land verschlingenden Fluten abzuwehren. »Mandränken« schimpfte man die Naturkatastrophen, zum Beispiel von 1362, als die nordfriesische Küste, die damals noch einen weit ausholenden, geschlossenen Rundbogen zwischen Sylt und der Halbinsel Eiderstedt bildete, in wenigen Stunden für immer von der Landkarte radiert wurde, oder 1634, als ein Orkan die Insel Alt-Nordstrand zerriss und zerschlug, bis nur noch drei Teile übrig blieben: die Hallig Nordstrandischmoor, Pellworm und Nordstrand. Heute sind die nordfriesischen Deiche acht Meter hoch mit einer Gesamtlänge auf dem Festland und auf den Inseln von achthundertfünfzig Kilometern, was der Luftlinie Flensburg–Innsbruck entspricht. Kein Bollwerk in Europa kann sich in Dimension und technischem Know-how mit diesen Wasserwällen messen, wird in Fachkreisen erklärt. Deus mare, Friso litora fecit – Gott schuf das Meer, der Friese die Küste.

Sich den Dingen des Lebens stellen. Und sich selbst. Das sind die Elementarthemen, die hier, ganz oben in Deutschland, auf der Agenda stehen. Schnörkellos und unmittelbar. Der Landstrich fordert das, ohne es ausdrücklich zu formulieren, pfeift auf einstudierte Performances, um zu gefallen, verteilt keine Garantiescheine, macht keine hohlen Versprechungen. Nordfriesland ist wie es ist: authentisch, rau und herzlich. Um Zugang muss man sich selbst bemühen. Dem einen gelingt das, dem anderen nicht. Man ist auf Anhieb fasziniert oder kommt nie wieder. Letzteres vielleicht auch, weil Ebbe und Flut, die den Alltag an der Küste rund um die Uhr dominieren, ständig daran gemahnen, dass das Leben einen Zyklus hat. Die Nordsee steht nie still. Zeigt nie nur ihre in sich ruhenden Seiten, allzeit bereit für ein Unterhaltungsvideo. Im Nu schlägt sie um, braust sie wild auf, reißt sie den Boden fort, auf dem wir eben noch standen, führt sie vor, dass alles einen Anfang und ein Ende hat. Im Großen wie im Kleinen. Für uns immer wieder Anlass und Motivation, darüber nachzusinnen, wie wir mit unserer Zeit umgehen, womit wir sie ausfüllen, verschwenden, überstrapazieren, denn irgendwann gibt es sie nicht mehr. »Was macht die Zeit, wenn sie vergeht?«, fragte Albert Einstein. Zeit zu haben, ist ein Geschenk.

Sobald wir die Deiche sehen, spüren wir darum tatsächlich eine Zäsur. Und wie auf Knopfdruck krempeln wir die Ärmel hoch, entschlossen, alles Seelengerümpel auszusortieren, nicht mehr Stimmiges über Bord zu werfen und Abstand zu schaffen zum pseudotherapeutischen Wahn, pausenlos positiv denken zu müssen und aus jeder Leitung zu hören: »Was kann ich für Sie tun?«

Unser Tag verspricht, hell und licht und warm

zu werden. Keine Düsternis, keine Nässe. Und wenn schon. Wir freuen uns wie blöd auf Amrum. Ach, und da stehen sie ja bereits zum stillen Empfang auf dem Deich: die prächtig ernährten wolligen Kameraden, die das Gras stoppelkurz halten, den Boden festtreten und seit Menschengedenken einen unschätzbaren Beitrag zum Deichschutz leisten. Rund hundertfünfundsechzigtausend Schafe leben in Nordfriesland, genauso viele Einwohner hat der Kreis. Dutzende von Lämmern purzeln die Deichböschung herab, spielen mit Schmetterlingen oder schmiegen sich ins kuschelweiche Fell ihrer Mutter. Der Frühling ist da.

In wenigen Wochen haben die Lämmer nichts mehr zu lachen. Werden aus ihnen mit Thymian gewürzte Rollen gemacht, Karrees, Koteletts und Steaks, Frikassees, Klöße, Filets und für den Hunger zwischendurch Frikadellen. Die »Nordfriesischen Lammtage« stehen vor der Tür. Hochsaison für Gourmets und Spitzenköche. Speziell Fleisch vom Salzwiesenlamm gilt weltweit als Delikatesse. Mag sein. Wir verzichten gern. Und wenn der Tusch zum »Lammball« fällt und die »Lammkönigin« gekürt wird, legen wir eine Schweigeminute ein.

Tschüss, brave Schäfchen, passt gut auf euch auf! Bald kommen wir wieder zurück. Rundum erneuert. Hoffentlich seid ihr dann noch da!

Friesennerz und Friesentorte

Was Leib und Seele bei »Schietwetter« zusammenhält

Meine schönste war weiß. Mit silberfarbenen Metallknöpfen. Schirmkapuze mit Kordel zum Zuziehen. Und den großen quadratischen Außentaschen links und rechts, in die alles bequem hineinpasste, was unterwegs nötig war: Kurkarte, Klogroschen, Lakritze. Fehlt irgendwas? Öljacke nannten wir diese praktische Kluft, die sich mit Shorts und Bikini, Jeans oder Mini gleichermaßen kombinieren ließ und mit weißen Tennisschuhen, den Sneakers der Swinging Sixties, einfach klasse aussah. Auf Helgoland hatte ich die Jacke mit vierzehn oder fünfzehn bekommen und war überglücklich. Besonders wegen der Farbe Weiß. Das war neu. Mit gelber Öljacke rannte jeder rum. Meine Eltern kauften gern »Vernünftiges«, was lange hielt. Immer im selben Eckgeschäft im Unterland, wo es englische Socken und schottische Schals und irische Wollpullis gab. Meistens gingen wir gleich am Morgen nach unserem Ankunftstag los. Von großem sofortigen Erholungswert war nämlich, dass jeder wusste: »Ah! Wieder da?« Stammgast zu sein, versprach hohes Sozialprestige. Zehn Jahre, zwanzig Jahre, dreißig Jahre auf Helgoland? Oder auf Amrum? Auf Föhr? Ein echtes Kapital! Denn je länger und lückenloser vor allem die runden Jubiläen, desto wichtiger, respektabler war der betreffende Mensch und den Insulanern ein ordentliches Stück nähergerückt (was diesen jedoch nicht unbedingt behagte). Laufend woanders hinzureisen, imponierte wenig. Protzen war ohnehin verpönt. Jedenfalls bei denen, die den Wohlstandstamtam gleichmütig hinnahmen und ihrem Leben auch ohne Söhnlein-Sekt in der Strandburg und heimlichem Nachbräunen mit »Tamloo« einen tieferen Sinn abgewannen. Bodenständigkeit hatte Gewicht. Solidität. Wie die Öljacken, die man heute fast nirgendwo mehr kaufen kann. Oder die kaum noch einer will. Schade.

Als leidenschaftliche Anhänger jenes absolut wasser- und winddichten Inbegriffs einer Outdoorjacke, die man ausschließlich und allein an der Nordsee trägt (undenkbar in den Bergen Tirols oder an der Costa Brava – selbst, wenn es dort in Strömen regnen sollte, was ja durchaus passiert), haben wir uns gefragt, seit wann jenes Kleidungsstück überhaupt auf dem Markt ist und warum es »Friesennerz« heißt?

Berliner könnten den Friesennerz erfunden haben, das heißt nicht den Stoff, aus dem er gemacht ist (dazu kommen wir gleich), sondern die Bezeichnung. Denn Berliner, genauer gesagt Westberliner, eingekreist von der DDR, bevölkerten seinerzeit, als Bonn die Hauptstadt Deutschlands war, Sylt in signifikantem Ausmaß. Bequem erreichbar per Zug ab Bahnhof Zoo. Oder per Flieger ab Tempelhof. Mit dem Auto zu reisen, stellte Gemüt und Nerven auf harte Proben. Herrschten doch auf der Transitstrecke durch einsame Melancholie absurde Tempolimits, bis der goldene Westen hinter Boizenburg endlich – nach fünf, sechs Stunden – in Lauenburg erreicht war. »Knorke! Jeschafft!« Nun konnte Richtung Niebüll auf die Tube gedrückt werden. Der Himmel wurde schwarz und schwärzer. Dann goss es aus Eimern. »Is doch schnubbe! Für wat ham'wa 'n Friesennerz im Koffa?« Das könnte die Geburtsstunde unseres Suchbegriffs gewesen sein, der bald in aller Munde war, dessen Herkunft aber bis heute nicht geklärt ist.

Fündig wurden wir lediglich dahingehend, dass es bereits bei den alten Ägyptern Usus war, sich mit gewachstem Leinengewebe oder geöltem Papyrus gegen Regen zu schützen, dass die Chinesen Papier und Seide zu selbigem Zweck lackierten und die Eingeborenen des Amazonasbeckens ihre Mokassins mit dem Milchsaft des Gummibaums bestrichen. Diese grandiose Idee klaute 1747 ein französischer Ingenieur namens François Fresneau und entwickelte ein chemisches Verfahren, das für mehr Elastizität sorgen sollte. Das gelang ihm auch, allerdings mit dem Nebeneffekt, dass die verwendeten Zusätze einen üblen Geruch verströmten. Dumm gelaufen. Für die »yellow oilskin rainwear lovers«, einen undefinierbaren Öljacken-Club, auf den wir per Zufall im Internet stießen, dennoch Grund genug zum Feiern: »The Friesennerz is celebrating its 250th birthday this year!« 1997 war das. Aber warum nun der Friesennerz Friesennerz heißt, wussten wir noch immer nicht. Und um es vorwegzunehmen: Das Geheimnis lüftete sich auch nicht. Mit an Sicherheit grenzender Wahrscheinlichkeit können wir indes sagen, dass ein gewisser Charles Mackintosh, geboren zu Glasgow, Beruf: Chemiker, 1823 als Vater der imprägnierten Regenkleidung bezeichnet werden darf. In diesem denkwürdigen Jahr machte jener Schotte die epochale Entdeckung, dass man textiles Gewebe mit naphtabehandeltem Gummi beschichten kann. Das Label »Mackintosh« ging in Serie, wurde zum Synonym für Regenschutz und: roch nur noch nach Gummi. Endlich wurde dem legendären »scottish weather« die Stirn geboten, aber auch launischen Schauern und Wolkenbrüchen andernorts wie an der Küste Nordfrieslands.

Ostfriesen, wie hier und da gewitzelt wird, haben den Friesennerz nicht geschneidert. Er stammt aus Dänemark, wo ihn 1968 Jan E. Ansteen Nielsson entwarf und produzierte. Der Sportbekleidungsunternehmer hatte sich auf wetterfesten Schutz für Segler und Fischer spezialisiert. Und weil Gelb die Signalfarbe auf See ist, bekam auch der Friesennerz diesen »Anstrich«. Ebenso der obligatorische »Südwester«. In Deutschland fand beides reißenden Absatz.

Ständige Produktverbesserungen brachten immer neue »Waterproof«-Materialien hervor. Bis Ende des 20. Jahrhunderts das Wörtchen »atmungsaktiv« die Verbraucher erschütterte und alles bis dahin Gewesene mit Windstärke zwölf hinwegfegte. Nichts war mehr wie vorher. Staunen und Verunsicherung machten sich breit. Und der Friesennerz, der auf ganze Küstenstreifen identitätsstiftend wirkte und Generationen von Nordseetouristen so etwas wie ein »Wir-Gefühl« vermittelte, hatte ausgedient. Goretex marschierte nun am Strand. Optisch austauschbar. Beliebig im Design. Oft grottenhässlich, discountverdächtig – aber auch sauteuer, wenn es eine Markenklamotte war. Zum Imperativ für untendrunter wurde »Funktionsunterwäsche« statt bloßer Baumwolle von Heinzelmann und Schiesser, damit Schweiß in Form von Wasserdampf nach außen entweichen kann. Mit solcher Klimaanlage konnte der Friesennerz in der Tat nicht konkurrieren. War auch nicht sein Anliegen. Updates, um wettbewerbsfähig zu bleiben, standen nie zur Diskussion. Warum auch?

An tragische Notfälle nach dem Motto: »Tod im Friesennerz« können wir uns nicht erinnern. Haben auch nie von Herzattacken, asthmatischen Anfällen oder lebensbedrohlichen Schweißausbrüchen gehört, die mit dem Nichtvorhandensein einer »mikroporösen Beschichtung« ärztlicherseits begründet worden wären. Jeder fühlte sich in den Öljacken wohl – vom Rentner bis zum Nachwuchs im Bollerwagen. Und es sah ästhetisch schön aus: An einem verregneten Nachmittag lauter gelb, dunkelblau oder kirschrot leuchtende, mit Wasserperlen besetzte Friesennerze vor der Kulisse von schaumgekrönten Wellen. *Schietwetter*? Kein Problem. Und wenn man sein Soll erfüllt hatte, zum Beispiel um die Amrumer Nordspitze (soweit es der Naturschutz erlaubt), von Westerland nach Rantum oder von Wyk zum Goting Kliff (inzwischen fast vollständig vom Sturm geraubt), war klar: jetzt eine Friesentorte!

Im Unterschied zum Friesennerz, der aus den Inselsportgeschäften spurlos verschwunden ist, lebt jene Verführung aus fünfhundert Gramm Pflaumenmus und siebenhundertfünfzig Gramm frischer Schlagsahne zwischen drei Blätterteigböden ungebrochen fort. Der vierte Boden wird traditionell in zwölf Stücke geschnitten, die leicht angeschrägt wie Flügel einer Windmühle den Gaumengenuss verzieren. Für Laien oft ein Rätsel, wie dieses friesische Gesamtkunstwerk in den Mund zu befördern ist. Nur Mut. Jeder findet seinen Weg – mit oder ohne Kuchengabel.

Unter der roten Laterne

Möwenblick vom Amrumer Leuchtturm

»Abendkarten? Für Donnerstag? Alle schon weg!« Und mehr als *fuffzehn* Leute nehme er auf keinen Fall mit, sagt der Mann an der Kasse, sonst werde es in der Turmspitze zu eng. Denn das Besondere sei ja die Fresnel-Optik, die Besuchern normalerweise nicht zugänglich ist. Ihr Wert wurde unlängst auf fünf Millionen Euro geschätzt. Ein hübscher Lottogewinn.

Der Mann an der Kasse ist gebürtiger Badenser, auf der Insel bekannt wie ein bunter Hund. Wogen des Lebens spülten den gelernten Konditor in die Amrumer Dünenwelt. Erst jobbte er als Strandkorbvermieter. Dann im Amt Amrum als Mädchen für alles. Lange schon ist er nun »Leuchtturmwärter«. Der Braungebrannte mit weißgrauem Schnauzer hat die Besucherströme fest im Griff. Und immer einen *Schnack* auf Lager, wie es sich an der Küste gehört, zum Beispiel, als auch eine alte Dame nach einer Abendkarte fragt und er verschmitzt zurückfragt: »Darfst du denn so spät überhaupt noch raus?« Original Inselsound.

Die Schlange vor der Leuchtturmkasse reicht wie immer in der Hochsaison bis zu den Fahrradständern am Parkplatz vorm ehemaligen Leuchtturmwärterhaus. Eltern mit kleinen Kindern. Leute mit bombastischen Fotoausrüstungen. Tagesausflügler von der Nachbarinsel Föhr. Und Stammgäste, für die es Ehrensache ist: Jahr für Jahr die zweihundertsiebenundneunzig Granitstufen der Wendeltreppe hochzusteigen, um von der Galerie des Leuchtturms unter der roten Laterne, dem Blick der Möwen, über das Halligmeer und die Weite der Amrumer Dünen zu schauen. An der Kasse werden neben Eintrittskarten Streichholzschachteln im schlanken Leuchtturmformat verkauft, außerdem Aufkleber, Postkarten, Becher und Plakate mit Ansichten vom Amrumer Leuchtturm sowie Leuchtturm-Miniaturausgaben als Staubfänger für das heimische Sideboard. Alles indes nicht der übliche nautische Kitsch. Amrums Leuchtturmvermarkter beweisen Stil und Geschick. Ist ja schließlich auch nicht irgendein Leuchtturm. Sondern: mit sechsundsechzig Metern Feuerhöhe über dem mittleren Tidehochwasser der höchste weit und breit und der erste deutsche Leuchtturmbau in Nordfriesland.

Gehäufte Schiffsunglücke in den Seegatten zwischen den gefährlichen Sanden vor Amrum hatten Mitte des 19. Jahrhunderts die Einsicht geschärft, dass die nordfriesische Küste dringend ein Leuchtfeuer braucht. Nur auf Helgoland, indes zweiunddreißig Seemeilen von Amrum entfernt, spendete damals eine Meeresleuchte Orientierung suchenden Seemännern Licht. Ansonsten war es über der Nordsee zappenduster. Nirgendwo ein Blinken, nur Meeresrauschen, Wogen, Sturmgeheul und Wind. Auf Sylt, wie Amrum damals dänische Enklave, ließ König Frederik VII. schließlich erste Leuchttürme bauen. In Kampen und auf dem Lister Ellenbogen. Eine goldene Krone über dem Signum des Dänenkönigs glänzt noch heute am Fuße des »Alten vom Roten Kliff«, der 1856 aus gelben Klinkern von der Insel Bornholm errichtet worden ist. Ein knappes Jahrhundert später wurde der Kampener Leuchtturm sandweiß herausgeputzt, eine waagerechte breite schwarze Schärpe ziert seine Mitte – stylisch und elegant. »Christian« dachte sich Heinz Klevenow vom Thalia Theater in Hamburg als Spitznamen für den Kampener Leuchtturm aus. Warum? Für den Schauspieler mit der sonoren Stimme hießen so schlicht alle Dänenkönige. Na, denn. Das hat sich in Kampen durchgesetzt.

Die Sylter Zwillingsleuchttürme am Nordzipfel der Insel von 1857 nehmen sich hinsichtlich ihrer Größe vergleichsweise bescheiden aus. Stattdessen genießen sie das Privileg, die ältesten noch in Betrieb befindlichen Feuer Deutschlands zu sein, und die ersten aus Gusseisen hergestellten. Leuchtturmwärter vom wolkenweißen Leuchtturm List West war eine Weile der Vater des Helgoländer Leuchtturmwärters Wilhelm Krüß, verwandt mit dem Helgoländer Kinderbuchautor und Sprachzauberer James Krüss, dessen Leuchtturmgeschichten von den Hummerklippen erfolgreich um die Welt segelten. Krüß und Krüss und noch dazu Krühs sind typische Helgoländer Namen, zu finden vom Düneninspektor bis zum Brückenkapitän. Womit wir (mit leichtem Rückenwind) bei einem anderen Thema in Sachen Felseninsel angelangt wären, das uns wieder zum Amrumer Leuchtturm zurückführt:

Im Frühjahr 1864 gingen vor Helgoland preußische Kanonenboote im Schlepptau der österreichischen Fregatten »Schwarzenberg« und »Radetzky« auf die Dänen los, weil sich diese ein Jahr zuvor Schleswig einverleibt hatten. Das Gemetzel ging als Deutsch-Dänischer Krieg in die Geschichte ein, wunderbar dargestellt von Theodor Fontane. Als Quotenbringer würde es heute zur Primetime mit voller HD-Auflösung in unsere Wohnzimmer flimmern, samt anschließendem Talk bei Plasberg, Illner, Will – ein Witz gegen den Bildreichtum Fontane'scher Lektüre, auch wenn vierhundertzwölf Seiten durchaus eine Herausforderung sind. Dänemark wurde 1864 geschlagen und bei den Wiener Friedensverhandlungen verdonnert, die Herzogtümer Schleswig und Holstein sowie die reichsdänischen Enklaven abzutreten: die Westhälfte von Föhr (Westerlandföhr), das Sylter »Listerland« und Amrum. Preußen führte fortan Regiment über Nordfriesland. Mit allen seinen Tugenden. Und so landeten jene alten Pläne für einen Amrumer Leuchtturm bald wieder auf dem Tisch. 1873 erfolgte der erste Spatenstich. 1875 startete das Wahrzeichen der Insel auf der Großen Düne seinen Betrieb – das erste deutsche Seefeuer (siehe oben) in Nordfriesland. »Strandräuber« begeisterte die nächtliche Beleuchtung natürlich nicht. Fluch und Segen liegen stets eng beieinander. Rüböl benutzte man anfangs als Brennmaterial für die sechs Dochte der Lampe, nach 1900 Petroleum, 1936 sorgte ein Dieselaggregat im Turm für Strom. Letzteres erleichterte die Arbeit der Leuchtturmwärter enorm. Schon ab Windstärke sechs, wenn der Turm ins Schwanken gerät. Manch einen Wärter haute das um. Viel häufiger geschah dies allerdings durch überfröhlichen Konsum geistiger Getränke, vorzugsweise Rum. Doch zum Knopfdruck, um den Dieselmotor in Gang zu bringen, reichte es in der Regel noch.

Wir stehen noch immer an der Leuchtturmkasse. In der Hoffnung, geduldiges Warten lohnt. »Sorry, aussichtslos!« Aber wir sollten uns mal umhören. Mitunter gebe es Karten schwarz. Schwarz? Wie ist denn das bitte zu verstehen? Strandkorb für Strandkorb abklappern? Oder sich am FKK umhören? Nur weil wir noch nie das Glück hatten, uns vom Amrumer Leuchtturm aus ins abendliche Farbenspiel der Wolken zu träumen und jenen Hauch von Seefahrerromantik zu spüren, der seit eh und je Leuchttürme umgibt? Doch dem Glück soll man nicht nachlaufen, es kommt von allein.

Zu den Sieben Weltwundern der Antike zählte der Leuchtturm auf Pharos vor der ägyptischen Stadt Alexandria. Der geschätzte hundertzwanzig Meter hohe Koloss wurde Vorbild für eine ganze Reihe von Leuchttürmen im mediterranen Raum. Erste Seezeichen tauchten an deutschen Küstenabschnitten im frühen Mittelalter auf. Als ältestes gilt ein Hafenkreuz in Travemünde. 1316 wurde hier auch der erste Leuchtturmwärter Deutschlands registriert. Heute gibt es den Beruf nicht mehr, hat »die Beobachtung der Vorgänge auf See, sofern solche mittels Fernrohrs möglich, thunlichst oft, namentlich aber bei unruhiger See, stürmischem Wetter und bei Tagesanbruch«, so eine vergilbte Anweisung, ausgedient.

Der letzte Amrumer Leuchtturmwärter packte 1983 seine Sachen, verließ für immer seinen Arbeitsplatz. Fernsteuerung lautete damals das Zauberwort, von Tönning aus auf der Halbinsel Eiderstedt, bundesweit bekannt von der Bier-TV-Werbung mit dem Leuchtturm Westerheversand. Das maritime Top-Modell, Jahrgang 1907, vierzig Meter hoch, flankiert rechts und links von den einstigen Leuchtturmwärterhäuschen, ist rot-weiß gestreift. Wie der Leuchtturm auf Amrum. Doch rot-weiß bedeutet in der Logistik der Schifffahrt nicht gleich rot-weiß. Entscheidend ist die Tageskennung, also die genaue Anzahl und Breite der Streifen. Selbiges gilt für die Nachtkennung, den Strahlenrhythmus. Beim Amrumer Leuchtturm: Blitz 7,5 s. Das heißt, eine Sekunde Helligkeit wechselt mit sechseinhalb Sekunden Dunkelheit ab. Und noch eine Zahl: Die Tragweite der Strahlenfinger beträgt dreiundzwanzig Seemeilen. Trotz Satellitennavigation und GPS (beides kann unerwartet ausfallen!) muss jeder Leuchtturm eindeutig erkennbar sein. Von Zeit zu Zeit ist darum ein frischer Anstrich fällig. Verlieren doch die Signalfarben durch Sonne, Salz und Sandschliff an Leuchtkraft.

Im Sommer 2003 fand die letzte große Malaktion am Amrumer Leuchtturm statt. Scharen Schaulustiger fotografierten die Jungs vom Tönninger Schifffahrtsamt. Zweihundertfünfundsiebzig Liter Signalrot und zweihundertsechzig Liter Weiß pinselten sie schwindelfrei und mit ruhiger Hand von ihren Schwebebühnen auf das mächtige Mauerwerk. Hier und da spritzten Böen Farbtropfen beiseite und verewigten sie an der Wand – eine bleibende Erinnerung an jene Wochen, als die alte Eichentür zum Leuchtturm verriegelt blieb.

»Guckt morgen noch mal vorbei!«, schlägt uns plötzlich der Mann an der Kasse vor. Sein Polohemd ist wie der Leuchtturm rot-weiß gestreift, jedoch in anderer »Tageskennung«. Manchmal seien Leute verhindert und brächten ihre Karten zurück. Ein Lichtblick am Horizont. Und es ist erst Dienstag.

Auf der Tanzfläche des Meeres

Der Kniepsand von Amrum – Europas größter Strand

Alle Wetter sind hier der Wahnsinn. Klirrende Kälte im Winter, wenn die Schneekristalle auf dem Sand blitzen, die Buhnen weiß bemützt sind und sich der Strand wie eine grenzenlose arktische Landschaft gibt. Oder im Herbst, wenn scharfe Westwinde mit achtzig Sachen über den Sand fauchen, man kaum noch stehen kann und die Haut nicht mehr gestreichelt, sondern frottiert wird. Nie werden wir jenen Neujahrsmorgen vergessen, als wir uns frostfest eingepackt über den Bohlenweg durch die firnig funkelnden Dünen zum Kniepsand aufmachten: Die ganze ausgebuchte Insel, so hatte es den Anschein, traf sich auf der Tanzfläche des Meeres, um den Puls des ersten Tages zu fühlen und jenen Cocktail reinster Meeresluftmineralien zu genießen, der Lebensglück und Fitness verspricht – ohne Gebührenpflicht! Begrüßungen, Umarmungen, Küsschen, *Moin, Moin*!

Amrums Kniep ist ein Geschenk des Meeres, eine Sandbank, die Wind und Wellen über Jahrhunderte herangeschafft haben. Nicht von den Kliffabbrüchen auf Sylt, wie oft gemutmaßt wird, sondern aus den Meeresgründen geschaufelt und geschoben und bis zu zwei Meter über dem Mittleren Hochwasser aufgehäuft. Im Laufe der Zeit wuchs eine Fläche von über elf Quadratkilometern – Europas größter Strand.

Keiner weiß, was das nach Salzgischt schmeckende Wort »Kniep« bedeutet, woher es stammt. Mit Kneipp hat es natürlich rein gar nix zu tun. Aber dieses Buchstabenspiel bringt uns auf eine Idee: Speziell »ausgiebige Kaltbäder bei fünf bis zehn Grad« predigte der Pfarrer aus Ottobeuren als »vorzügliches Mittel«, die eigenen Kräfte zu stählen. Von der Donau in die Fluten am Norddorfer Strand verpflanzt, ließen sich aus der Kneipp'schen Philosophie schlaue Buchungspakete schnüren, um im mauen touristischen Februar die Inselbetten zu füllen.

Oft hat der Kniep sein Antlitz verändert. Tut er noch. Das bemerkt vor allem der Dauergast, sobald er nach Verlassen der Fähre seinen Fuß in den Sand setzt und über die veränderte Anordnung der Strandkörbe im Areal der Strandkorbvermietung Boyens staunt. So ist die mehrere Hundert Meter lange Reihe Strandkorb neben Strandkorb nahe am Flutsaum vergleichsweise neu. Gern zahlt man für die exklusive Lage einen Aufpreis. Und wenn die alle zwei Wochen tobende Springflut den Kniep überschwemmt, werden die Körbe ruckzuck einkassiert und am nächsten Tag, wenn das Naturschauspiel vorbei ist, in neuer Choreografie aufgestellt. Zurück auf Los heißt es dann für die Gäste – mit neuen Strandkorbnachbarn (manchmal eine Wohltat, manchmal schade!) und neuem Meeresblick.

Anno 1585 ist Amrums Kniep erstmals auf einer Seekarte in ungefähren Umrissen zu sehen. Und zwar als Arm, der zwischen Wriak Hörn und Satteldüne nach Nordwesten ins offene Meer greift. Später rückte er ein deutliches Stück näher an die Inselküste heran, wodurch ein Naturhafen entstand, der Kniephafen – eine phänomenale Erscheinung auf der Seeseite! Noch um 1850 gingen hier Handelsschiffe vor Anker, und bis zur Reichsgründung betrieben Fischer im Kniephafen Austernzucht. In rauen Mengen strichen sie die Schalentiere mit *Strikiesen*, bis die Austernbänke keinen Mucks mehr von sich gaben. Auf der Höhe des Quermarkenfeuers Richtung Nebel sammeln wir im Juni und September, unseren alljährlichen Auszeiten auf Amrum, angespülte Austernschalen: blauschwarze, silbergraue, sandfarbene, manche durchlöchert vom Bohrschwamm, andere von Seepocken befallen. Bei ablaufendem Wasser liegen die Meeresgrüße aus der Vergangenheit zu Dutzenden am Strand. Noch aus der Zeit des Kniephafens?

Um 1890 begann der Hafen allmählich zu versanden und der Kniep Richtung Nordspitze, der Amrum Odde, zu wandern. In dichten Schleiern flatternder Sandfahnen huschten die feinen weißen Sandkörner, Strandläufer vor sich hertreibend, über die brettartige Weite des Kniep und veränderten abermals sein Aussehen. Dünen häuften sich auf, bewachsen mit Strandroggen, Strandhafer und Strandtausendgüldenkraut.

Stranddisteln findet man heute leider nicht mehr am Kniep. Manche rissen Sturmfluten mit. Andere haben die Kaninchen auf dem Gewissen, deren Einwohnerzahl auf Amrum ungefähr jener der Inselbevölkerung entspricht. Nicht selten aber auch fielen die graublauen Dolden der Gartenschere zum Opfer und fristeten ein neues Dasein im Trockenblumenstrauß. Auf den Tüten einer Inselbäckerei, die knusprige Biobrötchen namens »Kliffkante« frühmorgens ofenfrisch verkauft, lebt die Stranddistel als Zeichnung fort. Kürzlich krochen vor den Dünenkanten am Kniep gelbe Lilien aus dem Sand. Und es scheint so, als möchte das Steppengewächs bleiben.

Gleißende Hitze liegt im Hochsommer über Amrums Kniep, wenn der Nordseesand zu Wüstensand wird. Flirrendes Licht. Kein Fleckchen Schatten. Der Wind steht. An manchen Tagen ist es siebzehn Stunden hell. Jedem würde man abnehmen, wenn er von einer Fata Morgana erzählte. Nah am Wasser wirkt das Aerosol wie Meeresspray. Doch nichts geht über ein Bad in der Brandung. Selbst *Frostkötel* wärmen nach der zweiten, dritten Welle auf. Wollen am Ende gar nicht wieder raus.

Wenn Ebbe einsetzt und Stunde für Stunde den Meeresboden freilegt, schillern auf dem Kniep braungrüne Girlanden aus Blasentang und die grasgrünen großen Blätter des Meersalats, den man angeblich essen kann. »Nixentäschchen« werden die rechteckigen kleinen schwarzen Eihüllen der Sternrochen genannt. Und unter »Seeseifenkugeln« rangieren die Eiballen der Wellhornschnecke, jene faustrunden Gebilde mit plastikartigen gelben »Erbsen« rundherum, mit denen sich Fischer früher ihre Hände abrubbelten. Manche Strandabschnitte haben die Schalen der Amerikanischen Schwertmuschel für sich gepachtet. Vorsicht! Ihre Ränder sind messerscharf! Dann wieder breiten sich Massen von Herzmuscheln aus, durchmischt von den zerbrechlichen zartrosa Tellmuscheln, Seevogelfedern, angespülten Quallen und Krebsen nebst geknackten Panzern und Scheren. Dabei fallen uns die Helgoländer Knieper ein. Haben sie mit dem Wort »Kniep« zu tun? Nee, auch falsch. »Knieper« ist Helgoländer Friesisch, der Ausdruck für Kneifer, die Scheren der Taschenkrebse. Und diese leben auf Deutschlands einziger Hochseeinsel in Felsspalten und Felsenhöhlen, bis sie im Kochtopf umkommen und als Helgoländer Spezialität mit Curry-, Dill- und Cognac-Tunken verputzt werden. Früher nahmen Helgoländer Hummer diese Rolle ein. Taschenkrebse aßen arme Leute.

Der Kniepsand von Amrum spricht alle möglichen Naturelle an: Sonnenanbeter und Beachballspieler, Strandwanderer und Surfer, Steppkes, die Löcher buddeln und mit Opa Burgen bauen, Mütter auf AOK-Kur, die ständig rauchen, oder Paare, fünfzig plus, fünfzig minus, synchron joggend, splitternackt in allen Gewichtsklassen und Schönheitskategorien. Unwillkürlich taxiert man da die Vorzeigestücke männlicher Pracht, die ihre Zurschaustellung meist apathisch über sich ergehen lassen. Dennoch ist man wieder on top, was der Markt so zu bieten hat. Brüste sind keine Hingucker mehr. Mediale Dauerenthüllungen haben ihren Reiz gestohlen.

Für uns ist Europas größter Strand eine Sehnsuchtslandschaft – zum Innehalten, den Duft der Dünenrosen inhalieren, Spuren im Sand lesen, dem Ruf der Möwen zuhören, wie sie lachen, wie sie weinen, schimpfen, trauern. Ob die Schöpfung am Kniep auf Amrum ihren Ausgang nahm?

Kult und immer ausverkauft

Die Dia-Abende von Georg Quedens

Wirkliche Amrumliebhaber kennen sie alle. Und besuchen sie immer wieder. Weil sie zur Insel und zur Inselgeschichte dazugehören wie Ebbe und Flut und die ankommenden und ablegenden Fährschiffe. Die Themen sind seit ewigen Zeiten dieselben, ebenso der Beginn um zwanzig Uhr und die Veranstaltungsorte Norddorf, Nebel, Wittdün. Manch ein Foto wird aktualisiert, tauscht Georg Quedens aus. Und das wirkt, als würde eine Geschichte, die man Zeile für Zeile fast auswendig kennt, plötzlich anders vorgelesen. Gar nicht auszudenken, wenn es die Dia-Abende nicht mehr gäbe! Durch nichts und niemanden wäre die entstehende Lücke montags, dienstags, mittwochs zu schließen! »Amrum in der guten alten Zeit«, »Nordsee – Mordsee«, »Amrums Vogelwelt«, »Badeleben anno dazumal«, und wie die Abende alle heißen, sind Kult und immer ausverkauft. Doch an Aufhören denkt Insel-Urgestein Georg Quedens Gott sei Dank nicht. Ruhestand? Für ihn ein Fremdwort. Als Amrums Naturschutzbeauftragter, Inselchronist und Autor einer wahren Nordfriesland-Bibliothek (jedes Buch, jeden Aufsatz auf der Schreibmaschine getippt!) hat er reichlich zu tun. Tapetenwechsel? Abschalten?

Brauche er nicht, meinte er noch 1999 in einem Filmporträt über sich. Daran hat sich nichts geändert. Mallorca? Malediven? Thailand? Der ganze neumodische Kram interessiert ihn nicht. Das Schlimmste wäre vermutlich all inclusive mit Billigflieger in die Dom. Rep.

»Nordsee und Wattenmeer« steht heute auf dem Veranstaltungsplan. Zwei Drittel der Stuhlreihen sind schon besetzt, obwohl der Dia-Abend erst in fünfunddreißig Minuten anfängt. Wer auf den letzten Drücker kommt, muss mit den hintersten Plätzen vorliebnehmen.

Pünktlich auf die Minute geht es ohne Gedöns los, begrüßt Georg Quedens, der ohne Weiteres auch als Seemann a. D. firmieren könnte, die sehr verehrten »Daamen und Herrren ...!«, wobei er das »r« derartig rollt, dass der Boden vibriert. Seine eigentliche Spe-zi-a-li-tät sind jedoch seine akzentuierten Silbentrennungen und das Stolpern über'n spitzen Stein, also mit scharfem »s« statt »sch«. Das lieben die Leute.

Klick. Das erste Dia. Klick. Das zweite. Nicht etwa eine Fernbedienung führt durch das Programm, schon gar keine digitale Technik. Georg Quedens bewahrt seine Dias in Holzmagazinen auf, steckt sie von dort in die altbewährte Doppelhalterung an seinem Projektor und wirft sie, abwechselnd rechts und links vor die Linse schiebend, an die Wand – Zuschauern bis Baujahr 1960 im Saal wohlvertraut. Wolkenouvertüren stimmen das Publikum ein: im Flirt mit der Sonne, in

Nebel gehüllt, von Blitzen durchschnitten, Sturm gehetzt, komponiert in Gelborange, Glühendrot, dramatischem Blauschwarz – heitere Wolken, die anhaltendes Hoch versprechen, Unwetterwolken, »Vogelwolken«, Wolkenkolonnen, Wolkenalleingänger erhaben über der Weite des Watts. Georg Quedens hat ungezählte Wolkenbilder fotografiert. Verrückte reisen nur ihretwegen nach Amrum.

Klick. Ein anderes Motiv: die Rippelmarken. So werden jene Muster genannt, die Strömung und Wellen in den Meeresboden gravieren und sich bei Ebbe wie preisgekrönte grafische Kunstwerke offerieren. Nach der Flut wird sich kein Muster je wiederholen, kein einziger Lichteinfall, kein Schattenwurf. Der Gezeitenwechsel bringt ständig neue Sandstuckaturen hervor. Doch nicht nur das: auch – klick, klick – Rinnsale und Sandhügel und Priele. Bewunderungsseufzer laufen durch die Reihen, als Georg Quedens seine atemberaubenden Luftaufnahmen der amphibischen Landschaft zeigt: Endlose feine Wasseradern, die sich wie in einem Flussdelta über den trocken gefallenen Meeresboden ziehen. Demut füllt den Raum. Und Schweigen.

Schließlich, klick, klick, klick, ganze Serien über Alpenstrandläufer, Knutts und Regenpfeifer, die sich in der Schlemmeroase Watt mit Schlickkrebsen, Muscheln, Wattschnecken vollfressen. Dann Bilder von Möwen in der hohen Schule des Fliegens: Sturmmöwen, Silbermöwen, Lachmöwen und natürlich Heringsmöwen, die nur Fisch mögen und mit über zehntausend Brutpaaren auf Amrum leben. Ferner immer wieder, klick, klick, Leinwand füllende Nahaufnahmen der streitlustigen Brandgänse mit dazugehörigen Familienporträts. Die Paare dieses bunten Federviehs dulden keine anderen Brandganspaare neben sich, weder zu Wasser noch zu Lande. Das führt zu schnatternden Szenen zwischen den Ehen, was die Brandgansküken beider Parteien mächtig erschreckt und instinktiv zusammenrücken lässt. Ist das Gezänk vorbei, kriegen Gänsemütter und Ganter ihre Winzlinge oft nicht mehr auseinander sortiert. Trauriges Ende vom Lied: Schon manch ein Brandganspaar wurde auf diese Weise ungewollt kinderlos, während ein anderes ab sofort mit doppelt reichem Kindersegen übers Wattenmeer zog.

Stundenlang könnte man Georg Quedens zuhören. So zum Beispiel auch über die Ölkatastrophe 1998. Der italienische Holzfrachter »Pallas« lief damals vor Amrum auf Grund, nachdem er südwestlich vor dem dänischen Esbjerg in Brand geraten war. Neunzig Tonnen Öl verpesteten die Nordsee, über zwölftausend Seevögel verendeten. Amrum-Gäste von nah und fern hatten sich in jenem schwarzen Herbst in Massen gemeldet, um bei der Rettung der Havarie-Vögel zu helfen. Vom Amrumer Leuchtturm aus ist das Wrack der »Pallas« zu sehen – ein Mahnmal gegen die Gefahren der Schifffahrt und das Primat von Maßlosigkeit und Profit. Dank strenger Schutzbestimmungen konnten sich die Vogelbestände wieder erholen. Amrum ist heute die Nordseeinsel mit den meisten Seevögeln, nirgendwo brüten mehr als hier. Kolonien von Zwergseeschwalben gehören die Odde, und es bleibt ihr Revier, für die Spezies Mensch weiträumig abgesperrt.

Der Dia-Abend neigt sich dem Ende zu. Als Junge, erzählt Georg Quedens in seiner beherzt humorigen Art, war er »Wildkaninchenfänger, Schollenangler und Möweneierräuber«. Als Naturfotograf verbrachte er seither Stunden und Aberstunden im Freien auf der Lauer liegend, bis ihm ein Kiebitz oder Rotschenkel in den Marschen vors Teleobjektiv hüpft. Seine Frau befürchte, dass er eines Tages tot im Foto-Tarnzelt umkippt. Na und? »Besser als in der Badewanne einer Intensivstation.« Applaus. Gelächter. Licht an. Der Dia-Abend ist aus.

Lebenskünstler

Rund um die Amrumer Salzwiesen

Frühmorgens im Mai oder noch jungen Juni, wenn das Licht des Nordens in Tausenden von Prismen auf dem Meeresspiegel reflektiert, kündet das Watt vom Paradies. Die Salzwiesen sehen dann wie Aquarelle aus. Schimmerndes junges Grün fließt in singendes Goldgelb: Froh zu sein, bedarf es wenig, und wer froh ist, ist ein König! Im warmen Sandwattbraun lächelt Violett, von der Strandgrasnelke, friesisch: *Kraansblume,* hineingesprenkelt.

Salzwiesenpflanzen tragen extravagante Namen: Strandsode, Salz-Schuppenmiere, Portulak-Keilmelde. Die meisten von ihnen werden nur von Kennern wahrgenommen. Weithin geläufig dürfte hingegen der Strandwermut sein, speziell der bittere Geschmack seiner weißfilzigen, gefiederten Blätter. Schon ein einziger Tropfen genügt, um die Stimmung in den Keller zu manövrieren. Einst gab es den Brauch, ahnungslosen Verehrern mittels Wermutszweig zu verklickern: Bin schon vergeben, Pech! So wurde der Wermutstropfen zum geflügelten Wort.

Wie alle Salzwiesenpflanzen steht der Strandwermut, friesisch: *Noppekrut,* unter Dauerstress, verursacht durch die permanente Salzzufuhr –

dreihundertsechsundfünfzig Tage im Jahr. Um das innere Gleichgewicht zu halten, funktioniert jede Salzwiesenpflanze wie ein chemisches Labor, bestimmt von den Codes: Aufnahmesperre, Lagerung, Ausscheidung, Transport. Im Falle des Strandwermuts schützt ein Pelz auf den Blättern vor übermäßigem Wasserverlust, sodass stets nur wenig Salzwasser aufgesaugt werden muss. Passiert es doch, leitet es die Pflanze in ihre schon alten Blätter und wirft diese ab. Den ätherischen Ölen im Strandwermut wird eine halluzinatorische Wirkung nachgesagt. Auf den Halligen nennt man das Kraut darum »Hallighasch«.

Von den Salzwiesenpflanzen und ihren Überlebensstrategien kann der stressgeplagte Mensch unserer Hemisphäre eine Menge lernen. Indem er sich Stressmacher (die so heißen, weil man sich Stress selbst macht) vom Halse hält oder bewusst gering dosiert. Fast jeder ist heute im Stress. Immerzu. Vom Aufsichtsratsvorsitzenden bis zur Aufwartefrau. Eine Epidemie, die sich auszubreiten droht. Einer ihrer Erreger, vom Kanzleramt künstlich in die Welt gesetzt: das Ungetüm Wachstumsbeschleunigungsgesetz. »Dat hebbt wi fröher nich kennt«, lasen wir vor einer Weile im *Insel-Boten* in der Kolumne »Extra-Platt«: »Fröher wär man jümmer ›in'n Draff‹ oder man harr ›den Kopp vull‹ oder man harr dat ›ielig‹ oder man wüß' vor Arbeid ›nich een un ut‹ oder man leep ›mit de Tied üm de Wett‹. Dat gifft dat allens gor nicht mehr.«

Doch, gibt es noch. Bei den Lebenskünstlern rund um die Amrumer Salzwiesen, den stillen Experten im Umgang mit stressigen Lebensbedingungen.

Beispiel 1: der Strandflieder, friesisch: *Oon bleeden*. Überschüssiges Salz, das der Pflanze nicht bekommt, wird über Exkretionsdrüsen ausgeschieden. In Form von Salzkristallen versammelt es sich an ihren Blattunterseiten. Die Prozedur kostet viel Kraft. Umso erstaunlicher, mit welcher Gastfreundschaft der Halligflieder Spitzmaus-Rüsselkäfer vom Flieder empfangen wird. Glücklich und zufrieden wohnt er in ihren fotogenen Wiesenteppichen.

Beispiel 2: der Meerstrandwegerich, friesisch: *Sudjen*. Das pausenlose Zuviel an Meeressalz lagert er in seinen dickfleischigen Blättern ab. Früher kochten die Inselfriesen daraus würziges Gemüse. Ähnlich wie der Strandflieder bietet der Meerstrandwegerich trotz belastender Lebensumstände Vorbeikommenden Kost und Logis, beispielsweise kleinen Schmetterlingen. Häufigster Gast ist der Galluskäfer samt Parasit, der Meerstrandwegerich-Gallusrüsselkäfer-Schlupfwespe.

Beispiel 3: das Andelgras, friesisch: *Oon*, nicht zu verwechseln mit Eon. Diese Salzwiesenpflanze punktet mit der Fähigkeit, Sedimente dauerhaft festzuhalten, weshalb sie sich als »Marschbildner« großer Beliebtheit erfreut. Mittels einer Membrane fängt sie das angeschwemmte Salz ab, sodass nur das Meereswasser in ihre kahlen, glatten Halme gelangt, nicht aber das Meersalz.

Salzwiesen werden nach ihrem Salzgehalt und der Häufigkeit ihrer Überflutung in drei Zonen eingeteilt: ausgehend vom Watt mit der Quellerwiese. Sie überflutet fast täglich zweimal. Nur halb so oft wird die sich anschließende untere Salzwiese vom Nordseewasser heimgesucht. Strandastern, friesisch: *Buanstooker*, fühlen sich in den schlickigen Gräben und Senken wohl, zumal am Watt von Nebel, wo sie unbeweidet sind. Haben doch Rinder und Schafe Strandastern zum Fressen gern. Die beweidete obere Salzwiese wird im Verhältnis selten überflutet, jährlich höchstens zehnmal. Ihr demzufolge niedrigerer Salzzufluss zieht Rotschwingel an, jene Salzwiesenpflanze, die sich weniger gut als ihre Kollegen gegen Natriumchlorid wehren kann. Die mit Abstand extremsten Umweltverhältnisse herrschen an der Schwelle vom Watt, wo sich der Queller, friesisch: *Roelken*, niedergelassen hat. Er ist dem meisten Salz ausgesetzt. Um dieses zu verdünnen, heißt es: trinken, trinken, trinken. Dadurch jedoch wird laufend neues Salz geschluckt, was die neongrüne Pionierpflanze aufquellen lässt, bis sie im Herbst feuerrot und hart wird und wie eine Salzstange bricht.

Um 1900, als Freilichtmaler die deutschen Küsten entdeckten und sich mit Pinsel und Staffelei an verlassene Strände, Kliffs und in die Marschen setzten, war auch Paula Modersohn-Becker an die

Nordsee gereist, nach Amrum, nach Steenodde. Das kleinste Inseldorf liegt von den Salzwiesen nicht allzu weit entfernt. Steenodde bedeutet »Steinspitze« wegen der vor- und frühgeschichtlichen Funde an dieser Stelle zwischen Geest und Wattenmeer. Am Steenodder Kliff erinnert das Geröll an eiszeitliche Gletscher. Austernfischer, Pfuhlschnepfen und Sandregenpfeifer hüpfen geschäftig zwischen Steinen umher. Der Steinwälzer dreht selbige mit seinem Schnabel um, in der Hoffnung, schmackhafte Beute zu erpicken.

Paula Modersohn-Becker hielt ihre Amrumer Impressionen auf Skizzen fest, schrieb an ihre Familie in Worpswede in einem Brief: »Wattenmeer – Völlig leer … Am Horizont die drei Kirchtürme auf Föhr … Sonnenbrand. Aus dem unendlichen Raum – aus Höhen und Tiefen – dringen Vogelstimmen hervor: Tiüi – tiüi – tiüi – Wau – wau – wau – Kähtsch – kak – ka – kak – Piep – pipih – pipih – pipih – Tuelü – lüh – lüh …«

Haben Sie eine Ahnung, welche Vogelstimmen das waren?

In Seenot!

Schweinswale vor Amrum und Sylt

Bei glatter, ruhiger See und ablandigem Wind hat man oft Glück. Vor Hörnum auf Sylt zeigen sich da ihre dreieckigen Rückenfinnen in regelmäßigem Rhythmus an der Wasseroberfläche – und schon sind sie wieder weg. Gelegentlich kommt es auch vor, dass Schweinswale ins sommerliche Badegetümmel geraten. »Ein Hai!«, kreischt es dann alarmierend an den Strand. Unser einziger heimischer Wal, auch Braunfisch oder Kleiner Tümmler genannt, ist Urlaubern nur selten bekannt. Schon gar nicht geheuer. Letzteres dürfte umgekehrt ähnlich sein. Indes aus völlig anderem Grund:

Die Zeiten der »Schweinswaljagd« in den nordfriesischen Gefilden sind finstere Vergangenheit, kein Walspeck wird mehr ausgekocht, Tran nicht mehr als Lampenöl benutzt. Bis zum Beginn der grün-alternativen Achtziger waren die Schweinswale aus der Nordsee verschwunden. Seither sind sie wieder da.

Alljährlich sterben über siebentausendfünfhundert Schweinswale in den Stellnetzen vor allem der dänischen Kabeljau- und Steinbuttfischerei. Die anderthalb Meter langen Tiere, die sechzig bis achtzig Kilogramm auf die Waage bringen, identifizieren die dünnen Fäden der Nylonnetze nicht, verheddern sich darin, ersticken oder verletzen sich.

Ein Steckbrief:

Schweinswale haben eine glatte Haut, schwimmen zwanzig Kilometer pro Stunde, tauchen bis zu achtzig Meter tief, Verweildauer: sechs Minuten. Im Unterschied zum Delfin, mit dem er häufig verwechselt wird, ist der Schweinswal zurückhaltend und scheu, darum eignet er sich auch nicht für touristische Attraktionen wie »Whale Watching«. Das wäre ja wohl auch noch schöner!

Zwischen Mai und Juli bringen Schweinswalkühe ihre Kälber zur Welt – nach zehn, elf Monaten Tragzeit. Die Kleinen sind ungefähr fünf Kilogramm schwer und werden gestillt, bis sie sich nach einem guten halben Jahr selbst ernähren. Seezungen sind ihr Leib- und Magengericht, aber es schmecken ihnen auch Sandaale, Schollen, Heringe und Makrelen. Mindestens vier Pfund Flossenmahlzeit brauchen die Schweinswale täglich, andernfalls würden sie Fett verlieren, das sie wie ein Taucheranzug vor Kälte schützt.

Schweinswale nehmen ungleich höhere Tonfrequenzen wahr als ihr Erzfeind, der Mensch. Schallwellen leiten sie durch die Unterwasserwelt, indem sie Schallimpulse aussenden, deren Echo ein »Hör-Bild« entstehen lässt. Zudem verständigen sich Schweinswale durch spezielle Signale, ihre »Klicklaute«, mit denen sie um Hilfe rufen und sich gegenseitig vor Gefahren warnen.

Im Jahr 2000 richtete das Land Schleswig-Holstein westlich vor Amrum und Sylt bis zur Zwölf-Seemeilen-Grenze ein Walschutzgebiet ein – das erste seiner Art in Europa. Die Auflagen sahen vor: Abschaffung der Stellnetzfischerei, Geschwindigkeitsbegrenzungen für Schiffe sowie Verbote für Jetskis, um den Unterwasserlärm zu reduzieren, der das Gehör der Wale ruiniert. Drei Jahre später beschlossen die Umweltminister der Nordseeanrainerstaaten, den Beifang von Schweinswalen »auf ein Viertel« (wieso nicht auf weniger?) zu minimieren und einen »Rettungsplan« für die Schweinswale zu ersinnen. Doch Papier war schon immer geduldig.

In neue Seenot geraten die Schweinswale inzwischen durch Offshore-Windparks. Der weltweit größte in der Nordsee ist vor der Doggerbank geplant. Der Lärm der Stromerzeuger dröhnt ins Gehör der sensiblen Tiere, als ob an unseren Ohren ein Düsenjäger vorbeikrachte. Zur Verminderung der Schallwirkung fordern Experten »Blasenvorhänge«.

Vor Amrum und Sylt werden keine Windräder in die Nordsee gerammt – dank Walschutzgebiet, der Kinderstube unserer Freunde. Mögen die Schweinswale hier noch viele Geburtstage feiern!

Zu Gast bei Peter Suhrkamp in Kampen auf Sylt

Erinnerungen von Max Frisch & Co.

Wildrosenduft betäubt jeden Neugierigen am Rande der Anhöhe hinunter zum Watt vorm Gartentor des letzten Anwesens am Hoogenkamp. Umfriedet von einem mit Gräsern bewachsenen alten Steinwall ist es immer noch, doch eine eingewachsene hohe Hecke wehrt unliebsame Blicke ab. Kein Namensschild. Keine Klingel. In Kampen, dem Capri des Nordens, gibt man sich distinguiert. Viele Nachbargrundstücke verströmen die Aura eines unbewohnten Hochsicherheitstrakts. 1937, als der Schriftsteller Ernst Penzoldt von Peter Suhrkamp nach Sylt eingeladen worden war, strahlte das Friesenhaus eine gänzlich andere Atmosphäre aus – gemütlich und behütend, der Garten »summend von Bienen«, mit einem separaten Musikpavillon, dem »Pilz«. In dem reetgedeckten Kleinod fand der Maler Siegward Sprotte 1945 Unterschlupf. Er war mit dem Fahrrad aus dem zerbombten Potsdam nach Sylt geflohen. »... Ich suchte Algen am Strand. Steine und Muscheln sammelte ich und pflückte Gräser und Strandhafer. Und in allem vernahm ich mich selbst ...« Mit diesen

Reminiszenzen wird man heute am Eingang der Galerie Sprotte in der Alten Dorfstraße empfangen. Der Musikpavillon des Suhrkamp-Hauses ist vor einigen Jahren der Spekulation zum Opfer gefallen. Die Bodenpreise in Kampen besetzen deutschlandweit den vordersten Rang. Mit offenen Armen begrüßte seinerzeit »Marlützken«, Suhrkamps Haushälterin Margarete Marlützke, die anreisenden Verlagsgäste. Sie kochte für sie, tippte ihre Manuskripte.

Ein Taubenschlag war Suhrkamps Adresse nie. Dieser Eindruck jedoch wird erweckt, wenn hier und da vom »Autorenhaus« die Rede ist. So fanden in Kampen weder Lektorensitzungen statt, noch war der Verleger selbst je zugegen, wenn sich einer seiner Freunde oder Mitarbeiter für ein paar Wochen unter seinem Dach einquartiert hat. Suhrkamps Gästeliste beschränkte sich zudem auf einige wenige handverlesene Namen. Wie Ernst Penzoldt eben.

Die beiden Männer kannten einander aus der Berliner Kulturszene, funkten von Anfang an auf gleicher Welle. Suhrkamp, damals noch Redakteur bei Ullstein, beeindruckte Penzoldts Physiognomie, die ihm wie »aus einer anderen Welt« erschien. Penzoldt faszinierten Suhrkamps Augen, denen er »die Eigenschaft mancher Sterne« zuschrieb, »ein Glitzern nämlich, das wechselte«. 1933, am Tag der Machtergreifung der Nazis, berief Samuel Fischer Peter Suhrkamp in seinen Verlag, Ernst Penzoldt wurde Hausautor. Seine

»Powenzbande« (heute vermutlich nur noch germanistischen Altgardisten ein Begriff) hatte dem Franken kurz zuvor einen Riesenerfolg beschert. Mit Gustav Knuth und Ruth-Maria Kubitschek wurde der Schelmenroman 1973 für die ARD verfilmt.

Aus dem fast gleichaltrigen Gespann, Suhrkamp Jahrgang 1891, Penzoldt Jahrgang 1892, entwickelte sich eine intensive Freundschaft. Und als Peter Suhrkamp 1935 Annemarie Seidel heiratete, eine Schwester der Schriftstellerin Ina Seidel, stieß selbstverständlich auch Ernst Penzoldt an der Hochzeitstafel auf das Brautpaar an. Trauzeugen waren der Lyriker Oskar Loerke und die Schauspielerin Elsa Wagner – wie Annemarie Seidel, genannt Mirl, enthusiastische Kampen-Fans! Inseltratsch und Trubel lagen Mirl allerdings nicht, weshalb sie Geselligkeiten, von denen alle Welt auf Sylt schwärmte, fernblieb, egal, ob Tanzabenden mit Lampions am Strand oder den berühmten Teestunden im Haus »Kliffende«, wo sich lauter Prominenz die Klinke in die Hand gab: der Schriftsteller Ernst Toller, der Dirigent Otto Klemperer, die Berliner Bildhauerin Renée Sintenis, Fritz Wichert vom Frankfurter Städel, die Kammersängerin Emmi Leisner, Wolkenmaler Emil Nolde, »Rumsauser« Ringelnatz und noch lange nicht am Schluss Verleger Ernst Rowohlt alias »der Seehund«, nebst Gattin »Steppenwolf«. Mirl sehnte sich nach Ruhe in ihrem Friesenhaus. Von ihrem ersten Ehemann, Anthony van Hoboken, einem renommierten holländischen Haydn-Forscher, hatte sie es 1929 geschenkt bekommen. Nach der Scheidung durfte sie es behalten. Und so gelangte die Immobilie in ihre Ehe mit Peter Suhrkamp. Nicht die schlechteste Mitgift.

Annemarie Seidel – Mirl – Frau Hoboken – Frau Suhrkamp wird im heutigen Kampen wenig Freundliches nachgesagt. Auf den Dorfführungen fällt ihr Name, wenn überhaupt, nur am Rande. Ein Kratzer am Luxuslack? Weil sie ihre blauen Flecken an der Seele mit Alkohol gekühlt hat?

Blättern wir an dieser Stelle ein paar Kapitel zurück: nach München, wo Mirl aufwuchs und mit gerade mal zwanzig Jahren auf der Bühne der Kammerspiele stand. Das Publikum begeisterte ihr Talent, Kritiker riss sie in Strindbergs »Gespenstersonate« und Wedekinds »Frühlings Erwachen« zu Ovationen hin. Doch trotz ihrer Erfolge auch in anderen großen Rollen kündigte Mirl 1919 ihr Engagement. Die Metropole Berlin zog sie an. An der Spree genoss sie einen glänzenden Ruf, drängelten sich junge Poeten, Feuilletonisten und Bohemiens darum, zum »Mirl-Kreis« zu gehören. 1920 sollte sie am Staatstheater die Hauptrolle in einer Uraufführung übernehmen, im »Kreuzweg« (der Titel schien Programm!), dem Debüt des noch unentdeckten Dramatikers Carl Zuckmayer. Hals über Kopf verliebten sich »Zuck« und Mirl. Sie schmiedeten Heiratspläne, erwarteten 1921 ein Kind. Doch Mirl verlor es nach einem Sturz auf der Bühne während der

Aufführung von Shakespeares »Sturm«. Schlimme Wochen und Monate folgten. Mirl, schon als Kind gesundheitlich labil, litt an »trockenem Husten«. Diesem war eine Bronchitis vorausgegangen. »Ihre Stimme hatte einen etwas aufgerauhten gesprungenen Klang«, schrieb Carl Zuckmayer später in seinen Erinnerungen, »der frühe Tod sprach mit und war in ihren von einem Fieber glänzenden, groß aufgeschlagenen Augen.« Wie von einem Engel geschickt, stand plötzlich Anthony van Hoboken vor der Tür, ein Bewunderer aus Mirls Münchner Glanzzeiten unter der Ära Gustav Falckenberg. Er erkannte die lebensbedrohliche Lungenentzündung, brachte Mirl in eine Spezialklinik, übernahm die Behandlungskosten.

1922 heirateten Anthony und Mirl. Der charmante Mittdreißiger war eine gute Partie: sympathisch, gebildet und durch eine Erbschaft Millionär. Zuckmayer blieb seiner Liebe treu, glaubte, dass sie sich »nie ganz verlieren« würden. Über drei Jahrzehnte gingen Briefe hin und her, »Liebste Mirl«, »Geliebtes Carlchen«, »Immer Deine Mirl«, »Sei umarmt von Deinem Carlchen«. 1931 zerbrach die Ehe zwischen Anthony und Mirl. Kannte sie damals schon Peter Suhrkamp, den Grandseigneur? Silvester 1932 lud Mirl ein paar Freunde nach Kampen ein, auch »Zuck« war dabei. Zu fortgeschrittener Stunde schlug er ans Glas, sprudelte aus ihm »gestegreift, steggereift, stegreifgereimt«:

Das alte Jahr zu Ende geht,
Das neue vor der Türe steht.
Das mag ein gut Jahr werden!!
Der Nebel in der Heide stockt.
Der Leuchtturm hinterm Nebel hockt
Und hält die Wacht auf Erden.

Es ruht das Meer, es schläft das Watt.
Die Wildgans schläft, von Muscheln satt.
Das Wachs tropft von den Lichtern.
Wir trinken unsren Portwein still.
Mag kommen, was da kommen will!!
Der Himmel helf' den Dichtern!

Als Ernst Penzoldt 1937 erstmals nach Kampen kam, war Mirl schon zwei Jahre mit Suhrkamp zusammen. Zu dem Schriftsteller aus Erlangen, der auch Maler, Grafiker und Bildhauer war, fand sie sofort einen Draht. Ihr gefiel seine unangepasste, witzige Art. Allein schon, wie er sich angezogen hat! Mit Ledersandalen, gesprenkeltem Wollsweater und Schlotterhose! Markenzeichen aber war seine Schirmmütze, »geschmückt mit den Federn der Raubmöwen, den Trophäen ihrer Kämpfe«, amüsierte sich Mirl, sonst war »nichts Raubmöwenhaftiges« an ihm.

Penzoldt, der Wortschöpfer, der Lautmaler, stand auf seiner »blonden Zauberinsel« mit der Sonne auf, sein Zimmer schmückte er mit Seesternen, Steinen und Muscheln, die er am Strand gefunden hatte. Gern lauschte er auf der Kampener Heide dem Lerchengesang oder dem »Singen, Flüstern und Rieseln« am Watt. Immer wieder wunderte er sich, wie »metallisch laut« die Nordsee rauschen kann. Und wie ihre Wellen wogen! »Sieht es nicht aus, als wenn ein Verkäufer immer neue Stoffe vorlegt und über den Ladentisch hinrollt?« Gefesselt von der Morphologie des Amorphen, wie Penzoldt in seinen Episteln formuliert, lernte er auf Sylt, »mit Zeitlupe« zu sehen. Davon zeugen seine filigranen Zeichnungen von Algen und Meeresfrüchten.

1938 hielt sich Ernst Penzoldt abermals für einige Sommerwochen im Suhrkamp-Haus auf, frönte seiner Lieblingsbeschäftigung, dem schöpferischen Nichtstun. »Meine Uhr ist stehen geblieben. Es muss wohl Sand ins Werk gekommen sein. Aber ich brauche sie hier nicht. Ohne Uhr hat man immer Zeit. Richtet sich doch die Zeit nicht nach der Uhr. Manchmal eilt sie. Manchmal verweilt sie. Sie ist aus ähnlichem Stoff gemacht wie der Wind.« Die Julisonne ließ für Momente vergessen, wie sich Deutschland politisch verdunkelte. Doch schon bald hatte der drohende Krieg auch auf Sylt seine Zeichen gesetzt, verschandelten Batteriestellungen, Bunker und Barackenlager die Dünenlandschaft. Die Insel wurde »Festung«. 1940 erkor die Wehrmacht Sylt zum Exerzierplatz für den deutschen Angriff auf die britische Insel aus. »Seelöwe« hieß das militärische Spiel. Und da der Generalstab null Ahnung von Kanalüberquerungen besaß, simulierten Panzer vor Hörnum den Ernstfall mit Unterwasserfahrten und Landungen auf Schlick und Sand.

Sylt war inzwischen menschenleer, der Badebetrieb weithin eingestellt.

Peter Suhrkamp quälten Sorgen. Seitdem der Fischer Verlag den verfemten Teil seines Unternehmens nach Wien hatte verlegen müssen, um einer »Arisierung« zu entgehen, führte er die Geschäfte in Berlin. NS-Schikanen lähmten die Arbeit. Wann immer möglich, setzte sich Suhrkamp darum Richtung Sylt in die Bahn über den Hindenburgdamm (so heißt »das Ding in aller Unschuld noch heute«, wetterte unlängst Fritz J. Raddatz, »als hätte uns der Kerl nicht den Hitler angeschafft«). Nur selten verbrachte Suhrkamp allerdings seine Auszeiten gemeinsam mit Mirl. Wochenlang weilte sie allein im Kampener Refugium. In der »Wiesmühl« nahe Salzburg, wohin sich »Zuck« mit seiner Familie 1926 zurückgezogen hatte, trafen nun ganze »Segelflottillen, Schwalbenzüge, Möwenflüge« Mirl'scher Briefe ein, manchmal gleich »drei an der Zahl, die nach Salzwind und Heide riechen«.

Oft hatte Peter Suhrkamp den Wunsch gehegt, alle Zelte in Berlin abzubrechen und mit Mirl nach Sylt zu ziehen – umgeben von bloßem Sand »mit Gekrakel von Vogelfüßen ... Steppen von Sandgras ...« So träumte er 1943 in seinem Essay »Die nordfriesische Insel«, der schönsten Liebeserklärung an Sylt. Alles dort sei »ganz nah«, doch zugleich auch »in einer gläsernen Ferne«, und sobald man sich der Windsbraut nähere, schwängen andere Erdenbilder mit, homerische Buchten, schottische Moore, tibetanische Himmel. »Um das zu finden, muss ein Mensch allerdings mit dem Gemüt offen unter den beweglichen Winden der Phantasie liegen.« Suhrkamp hatte die Gabe zum Sehen, fühlte sich auf Sylt, als wäre er in einen »Bannkreis« getreten, »in dem noch der Zauber seine Macht ausübt«.

Gegen Ende des Krieges wurde Peter Suhrkamp von einem Spitzel, den man in seinen Verlag eingeschleust hatte, denunziert, von der Gestapo verhaftet, wegen Hochverrats angeklagt und 1944 ins KZ Ravensbrück interniert. Mirl kämpfte bis zur Erschöpfung für seine Freilassung. Doch nur, weil man annahm, der stark Angeschlagene würde nicht mehr lange leben, ließ man ihn gehen – mit einem Riss an der Wirbelsäule. Die Haftfolgen machten Suhrkamp zu schaffen. Gleichwohl kümmerte er sich erstaunlich rasch wieder um seine Autoren. Auch um das Friesenhaus auf Kampen! »Die Möbel sind noch vorhanden, aber zum großen Teil beschädigt«, informierte er 1946 Mirl nach einem Kurzbesuch auf Sylt. »Was sonst noch vorhanden gewesen war, Matratzen, Betten, Wäsche, Geschirr etc. ist vollständig ausgeraubt.«

Im Hochsommer 1948 reiste Ernst Penzoldt wieder an. Und wieder begrüßte ihn Marlützken mit offenen Armen. Zu Gast war auch Kurt Lothar Tank vom *Deutschen Allgemeinen Sonntags-*

blatt. Das Trio passte prächtig zusammen. Alberte herum, lachte viel zusammen. Zum Beispiel über Penzoldts Abneigung gegen den Leuchtturm in Kampen, »diesen versteinerten Schutzmann!« Abends tischte Marlützken »halbmeterlange, mit Zwiebeln und Hagebutten gedünstete Makrelen« auf, notierte Zeitungsmann Tank in sein Tagebuch. Zum Nachtisch gab es selbst gepflückte Heidelbeeren mit Schafskäse und Milch. Anschließend wurde über Inseleindrücke fabuliert, Penzoldt beim Vortragen neuer Manuskriptseiten zugehört oder über »Des Teufels General« diskutiert, Zuckmayers sensationellen Nachkriegserfolg, 1946 in Zürich uraufgeführt. Nachts leuchtete der Mond weise und erdenfern, stiegen mit der Windmusik der Heide Bilder jener Brocken gesprengter Bunker beiderseits der Betonstraße von Kampen nach List aus der Erinnerung. Und in den Halbschlaf drang noch einmal auch der Druck jener Minen auf dem Meer, oft weit draußen, zuweilen aber auch gefährlich in Küstennähe. Dann kehrte Stille ein. Bis zum Weckruf des Inselkuckucks.

Für Besuch aus der Schweiz war das Suhrkamp-Haus im Sommer 1949 reserviert: Max Frisch reiste mit seiner Frau und seinen drei kleinen Kindern an. »Endlich ein Arbeitszimmer, wie man es sich wünscht: groß und licht … zwei Fenster hinaus auf das Wattenmeer, viel Platz zum Gehen, Tische, wo man Papiere ausbreiten kann, Entwürfe, alte und neue, Briefe, Bücher, Muscheln und Seesterne,

Ketten von trockenem Tang … und draußen flötet der Wind …« Er fühle sich »herrgöttlich wohl«, bedankte sich Max Frisch bei Peter Suhrkamp für das Quartier. Und am Strand habe ihn »der nackte Mensch besonders in der weiblichen Ausgabe entzückt«. Der Schriftsteller behielt gesittet seine Badehose an.

Peter Suhrkamp ermunterte den Achtunddreißigjährigen zum Schreiben, stellte ihm Veröffentlichungen in seinem Verlag in Aussicht. Doch fehlte dem Schweizer an der Nordsee die rechte Motivation, er wollte »das Meer genießen, die Weite, die Brandung und den Himmel, den Wind, die Helle der Nächte, wenn um Mitternacht noch die Vögel zwitschern«. Ähnliches hatte Suhrkamp selbst empfohlen, wenn er seinen Autoren schon vorm Kofferpacken mit auf den Weg gab: »Lassen Sie sich fallen! Werden Sie nicht unruhig, verzweifeln Sie nicht, wenn Sie drei, vier Wochen lang keine Zeile schreiben können. Vielleicht geraten Sie in eine Krise. Die Krise kann hilfreich sein!«

Sylt begann zu pulsieren. Mit Nachtleben in D-Mark, Skandalen, teuren Schlitten und Strandamouren. Die Gästezahlen auf der Insel stiegen von Saison zu Saison. »Buhne 16« wurde zum Nabel der Welt, inszeniert von Boleslaw Barlog. Auf seinem Weg zur Sturmhaube guckte der Generalintendant der Berliner Staatstheater gelegentlich auf einen Kaffee bei Peter Suhrkamp vorbei. Die Ehe mit Mirl verlor um diese Zeit ihren inneren Halt. Depressive Schübe, deren Ursache niemand erhellte, ergriffen von Mirl Besitz. Mit Alkohol versuchte sie, diese abzuwehren. Immer mehr indes geriet sie dabei außer sich. 1954 beschloss sie, wieder nach München zu ziehen. Neuer Eigentümer des Friesenhauses am Hoogenkamp wurde Medienzar Axel Springer. Mit dem Verkaufserlös brachte Peter Suhrkamp die deutsche Gesamtausgabe von Marcel Proust auf den Markt. Nie wieder besuchte er die Insel, über die er in seinem Essay geschrieben hatte: »Alle Sinne sind im Augenblick des Betretens der Insel von dieser vollauf in Anspruch genommen und ausgefüllt, und das Gemüt ist entweder verschüchtert oder betäubt oder beseligt.«

1959 starb Peter Suhrkamp. Auf dem Friedhof zu St. Severin in Keitum nahe am Wattenmeer liegt sein Grab. Der Wunsch des Verlegers, man möge seine Asche westlich vor Sylt in die Nordsee streuen, ließ sich nicht verwirklichen – doch vielleicht helfe die Natur eines fernen Tages nach, sinnierte Suhrkamps Nachfolger Siegfried Unseld: »Mit der Zeit verweht der Dünenwind die Gräber, und allmählich geht die Erde dort in Watten über.«

Scholle, Matjes, Muscheln, Krabben

Die Sylter Meeresköche folgen ihrem Stern

Mein Bruder isst keinen Fisch. Nicht, weil er selbst Fisch ist und aufgrund dessen eine moralische Verpflichtung oder wie auch immer abstruse Seelenverwandtschaft zu den stummen Schwimmern verspürt. Nein, es steckt eine tiefe Abneigung in ihm, ein durch nichts und niemanden zu brechender Widerwille gegen alles, was gebraten, gedünstet oder gekocht aus dem Meer auf den Teller kommt. Diese Haltung, die ihn nun über ein halbes Jahrhundert schon um jene furiosen Gaumenkitzel bringt, für deren Beschreibung sich die Testelite aus »Gault Millau«, *Der Feinschmecker* und Co. bizarrste Prosa einfallen lässt, ist einem frühkindlichen Trauma geschuldet. Und an dessen Entstehung nahm meine Wenigkeit, die kleine Schwester, seinerzeit daselbst teil. Ort der Handlung: unsere Ferienküche in Rantum, wohin wir mit unseren Eltern im VW-Käfer häufig über die Pfingsttage gereist waren. Fangfrische Schollen hatte mein Vater Samstagfrüh freudestrahlend von einem Fischer mitgebracht, eingewickelt in Zeitungspapier unter seinen Arm geklemmt. Mit Speck und Krabben sollten sie wie immer zubereitet werden. Für meine Mutter, eine waschechte »Hamburger Deern« und perfekte Köchin, kein Thema. Nicht so an jenem Vormittag. Denn kaum, dass sie die Schollen ausgepackt hatte, jetteten sie vom Küchentisch auf den Linoleumboden. Das Zucken der Flossen sehe ich noch vor mir. Ich habe auch noch den Aufschrei meiner Mutter im Ohr, die im ersten Moment wie angewurzelt dastand, dann aber den ohnehin schon platten Wesen kurz entschlossen mit der Pfanne eins auf die *Riestüten* gab. Meinem Bruder war nach diesem darwinistischen Feldzug der Appetit vergangen. Nie wieder rührte er Fisch an. Ganz gleich, in welchem Aggregatzustand. Heute auf Sylt würde er vielleicht in Versuchung kommen …

Für jeden Geschmack und jeden Kontostand bietet die Genuss-Insel Strandlokale, Dorfkrüge, Restaurants: vom Fisch-Glaspalast-Guru Jürgen Gosch über »Fisch-Fiete«, wo man umgeben von Delfter Fliesen »Aal grün« oder »Labskaus nach Seemannsart« oder »Lachstranchen mit Schnittlauchsauce« gediegen schmausen kann, bis zu den Pilgerstätten der Exklusivszene wie dem Fährhaus Munkmarsch oder der »Hütte« Sansibar in den Rantumer Dünen. Patron Herbert Seckler, der umtriebige Schwabe, brachte seinen einstigen Erbsensuppen-Kiosk an die Spitze der kulinarischen Champions League, seine Weine in den Dünensand-Verliesen zählen zu den besten der Welt. Natürlich lagern dort auch Kreszenzen von Franz Xaver Pichler aus der Wachau, federleicht wie »Ballerinen auf Zehenspitzen«, wirbt der Sansibar Weinbestellkatalog. Dieser abhängig machende Schmöker, der in jede Bermudahosentasche passt, wendet sich mit seiner »geballten Winzer-Prominenz« jedoch auch an Otto-Normal-Weinliebhaber. Man muss keinen Grand Cru im Preisklassensegment eines gebrauchten Mercedes erwerben wollen. Vor Herbert Seckler sind alle Menschen gleich, ob börsennotierte Großverzehrer oder eine einfache Rentnerin, die sich auf der Dünenterrasse mit Meeresblick »Sansibars gebrannten Erdbeerkuchen« zu einer Tasse Kaffee gönnt.

Unbeeindruckt vom Weltwirtschaftswetter floriert die Sylter Gourmandise. Nirgendwo in unserer Republik versammeln sich auf derart kleiner Fläche, nämlich knappen zehn mal zehn Kilometern, mehr gekrönte Küchenhäupter als auf Nordfrieslands eitelstem Eiland. Unterm Michelin-Sternenhimmel am längsten dabei: der Schwarzwälder Jörg Müller mit Sitz in Westerland. Appetit auf »Sylter Fischersalat mit Algen«? »Sylter Meeräsche in Zitronen-Kapernfond«? »Nordsee-Steinbutt mit Austernragout«? Und zum Dessert »Gratinierten Keitumer Ziegenkäse im Tiroler Speckmantel«?

Meeresküche schmeckt auf Sylt jedoch auch auf weniger hochgestochenem Niveau. Zum Beispiel in Hörnum, dem alten Hafendorf an der vom Sturm mitgenommenen Südspitze, wo die Urenkelin des Firmengründers von »Wella« 2009 ein Fünf-Sterne-Superior-Hotel mit Golf und Spa eröffnete, was seither für geteilte Meinungen sorgt. Doch davon soll hier nicht die Rede sein. Sondern von »Fisch Matthiesen«, jenem Bistro, das der Neffe des Sylter Sturmfotografen und Sturm-Amateurfilmautors Werner Matthiesen unweit vom Strand nordisch hell und heiter aufgezogen hat. Für seine Fischbrötchen und Fischgerichte verwendet Stefan Matthiesen ausschließlich Fisch aus der Nordsee, Heringe, Steinbeißer, Meeräsche, Makrelen – was sonst? Angekarrtes aus dem Atlantik oder dem Pazifik lehnt der gut aussehende Einzelkämpfer, der aus Kappeln von der Schlei stammt, kategorisch ab. Desgleichen Präpositionsmenüs nach dem Motto: Angeldorsch an, auf, hinter, neben, zwischen ... Schnickschnack ist nicht Matthiesens Fall. Genau das zieht Gäste von der ganzen Insel an. Viele kommen mit dem Fahrrad zum »Kapitänsfrühstück« aus Räucherlachs, Aalfilet, Matjes und Rührei mit Krabben. Und strampeln hinterher ihre Kalorien wieder ab. Matthiesens Portionen sind reichlich, die Preise moderat. Das gilt auch für seine »Miesmuscheln in Weinsud« oder die »Original Hörnumer Fischsuppe«. Zum Abendessen nach einem Strandtag ein Gedicht! Dazu trinkt man Flens. Natürlich blond.

Handfest und reell – das mögen auch Stars. Unlängst kreuzte der Kabarettist Dieter Hildebrandt (»Nie wieder achtzig«!) bei Fisch Matthiesen auf. Günter Netzer kehrt immer mal wieder ein. Gelegentlich auch Vertreter der sogenannten

Bundesregierung, getarnt in Shorts. Bitte zwei »Linie« oder »Jubi«! Und zum Nachschlag noch einen Heinz Ehrhardt – Prost!

Das Meer ist weit, das Meer ist blau,
im Wasser schwimmt ein Kabeljau.
Da kömmt ein Hai von ungefähr,
ich glaub von links, ich weiß nicht mehr,
verschluckt den Fisch mit Haut und Haar,
das ist zwar traurig, aber wahr.
Das Meer ist weit, das Meer ist blau,
im Wasser schwimmt kein Kabeljau.

Sandpyramiden und Sandplateaus

In der Sahara von Sylt

Schon bei zartestem Wind zerstoben die Sandfahnen von ihren Kämmen wie kristallfeiner Neuschnee von Alpengipfeln. Ein sanftes Antippen mit dem Finger löst Sandlawinen aus – größere und kleinere, die je nach Steillage abwärtsrutschen und rieseln. Lautlos. Es kann aber auch sein, dass der Sand von einem Strandhaferhorst sanft anlandend aufgefangen wird. Brisen bereits bringen die fadendünnen, meist eingerollten grasgrünen Blätter zum Rascheln und Rauschen, indem sie im Takt der Luftbewegungen hin- und herschwingen und mit ihren gebeugten Spitzen über den Sand streichen. Mit dem Wellenschlag des Meeres im Hintergrund ertönt dann in den Dünen eine ganz eigentümliche Sinfonie. »Weißdünen« sind es, die in der ersten Reihe stehen. Von der Hörnum Odde im Süden bis zum Lister Ellenbogen im Norden zieht sich ihre grandiose Sandkette an der Westküste von Sylt entlang.

Die erhabenen stillen Naturschönheiten verdanken wir dem unermüdlichen Wirken von Strandweizen und Binsenquecke – jenen Sandpflanzen, die sich auf feuchten Strandwällen niederlassen und alle andriftenden Sandkörner auffangen, bis sich diese höher und höher zu

Kuppeln und Kegeln in Luv und Lee aufhäufen. Sandpflanzen führen ein bescheidenes Dasein, als Nahrungsquelle genügen ihnen Seegrasüberbleibsel, spärlichste Tangreste oder Muschelkalk. »Muschelkalk« – so hatte Ringelnatz seine Frau getauft!

Die jüngsten Sylter Dünen sind dreitausend Jahre alt, die Weisen unter den Sandbergen, vermuten Geologen, haben ein bald dreifaches Alter erreicht. Unheilvolles wähnten die ersten Syltreisenden über den verlassenen grünbraunen Dünentälern, die da Möskendeel oder Niweberkul hießen. »Durch die säuselnden Halme des Strandhafers springt flüchtigen Laufes der Hase, die Möwe umkreist die spitzen Kegel unter klagendem Rufe, während die Lachmöwe wie ein Geist den fremden Wanderer mit spöttischem Gekicher von Hügel zu Hügel, von Thal zu Thal verfolgt«, schildert 1850 ein Chronist. Ockergelb in gleißendem Sonnenlicht oder beschattet von grollendem Donnergewölk nahmen später Hinrich Wrage und Hans Peter Feddersen das Sylter Sandbergland wahr und bannten es auf die Leinwand. Traumhafte Gemälde der beiden nordfriesischen Malerfreunde hängen in der Kunsthalle Kiel und im Schloss Gottorf aus. Traumhafte Preise erzielen ihre Dünenköpfe und Dünenschluchten auf Kunstauktionen. 1887 war Theodor Storm in den Sylter Dünen unterwegs, fand er in der »Dünenwildnis« die Schauplätze für seine »Sylter Novelle«. Stichwortartig hielt er Szenen fest:

»Mondlicht in den Dünen. Wut, Groll, Leidenschaft …«, doch der Sagensammler starb, bevor er seine düstere Liebesgeschichte um die Tochter eines Sylter Landvogts ausfeilen konnte, die Zeilen blieben Fragment. »… Brautnacht in den Dünen. Das Meer. Er wirft sich vor ihr nieder. Sie verlangt, dass er ihr verspricht, nie wiederzukommen …«

Die Sylter Dünen sind bis zu fünfunddreißig Meter hoch. Historische Beschreibungen sehen in ihnen »erblichene Träume aus einer alten Zeit«. Oft tauchen Vergleiche mit Gipfeln und Gletschern in den Alpen auf, verschmelzen Schnee und Sand zu schneeweißem Sand oder weißen Dünengipfeln, Schneebergen oder weißem Sand, der wie Schneewolken über Kriechweiden und Krähenbeeren schwebt. 1906 hatte sich der Schweizer Kinderbuchillustrator Ernst Kreidolf aus dem fernen Bern nach Sylt aufgemacht. Gern malte er noch zu später Stunde in den Dünen, häufig bis in die Nacht. »Die Sonne ging nur wenig unter den Horizont«, lesen wir in seinen Erinnerungen. »Um zwei Uhr morgens war sie schon wieder oben. Ich nahm Luftbäder in den Dünen, die bei dem stets wehenden Wind herrlich waren!«

Mit »ehrfürchtiger Bewunderung« stand Gerhart Hauptmann 1915 vor der Sylter Dünenwelt. Und von einer »Sahara« sprach angesichts der gewaltigen Sandpyramiden und Sandplateaus Thomas Mann. 1927 kurte der Lübecker Senatorensohn auf Sylt, wo er zu der Erkenntnis gelangte, dass er an dem »erschütternden Meere«, den Fluten der Nordsee, »tief gelebt« habe. Zwei Jahre später schaffte er sich auf der Kurischen Nehrung ein Sommerhaus an. Sylt sah diesen Badegast nie wieder.

Ein Teil der wirklichen Sahara heißt »Erg«, das ist arabisch und bedeutet »Dünenmeer«. Solches wogt auf Sylt im Dünenland List in den Wanderdünen. Diese archaisch anmutenden Sandwindwerke mit ihren scharfen Graten, bügelglatten Tafeln, steilen Wänden und schroff abfallenden Kuppen wurden 1923 unter Naturschutz gestellt. Nur auf ausgewiesenen Pfaden darf man sie betreten, sich ihnen nähern. Zu jeder Jahreszeit, bei jedem Licht wechseln sie ihr Gesicht. Man würde sich kein bisschen wundern, meinte Sylt-Verehrer Ernst Penzoldt, wenn einem »plötzlich ein Rudel Gazellen, Löwen oder Giraffen« vor die Füße liefe. Doch wir belassen es gern bei der Dünenflora wie Bauernsenf und Hornklee, Bergsandglöckchen und Sandsegge, bewundern in Dünenmulden Kleinling, Zwerglein und Sumpfsitter – feinste botanische Raritäten, obwohl sie sich eher nach Unterirdischen aus einem Dünenmärchen anhören. Seltene Miniaturen sind in den Dünentälern auch die roten Moosbeeren. An Ranken kriechen sie über die Torfmoospölster, ihre Blättchen geraten nur Wissenden ins Visier. Haben Sie schon einmal Moosbeerenmarmelade probiert? Wir auch nicht! Sie zergeht auf der Zunge – apart herb, und stärkt unser Immunsystem mit Vitamin C, schwärmen Experten von der Schutzstation Wattenmeer.

Nur während der Sommermonate, wenn sich Sandwespen ihre Höhlen bauen, trocknen die Dünentäler aus. Im Herbst macht sie der Regen feucht und nass, stehen Sonnentau und Sumpfbärlapp im Wasser. Im Winter frieren die Senken oft zu, laufen die Inselkinder auf den Dünentalseen Schlittschuh!

In Perioden längerer Trockenheit setzen sich Dünen in Bewegung. Bei anhaltender Feuchtigkeit ruhen sie, bleiben sie liegen. Wehe dem Ort, der von einer Wanderdüne bedroht wird! So gemahnen Worte in einem alten Sylt-Buch, das vom »weißen Tod« auf der Insel erzählt, von »sandspeienden Bergen«, die einst ganze Siedlungen verschütteten.

Jährlich legen die Lister Dünen durchschnittlich vier Meter nach Osten zurück. Wohin wird das führen?

Sylter Royal

Deutschlands erste Frischemarke des Jahrhunderts

Casanova soll täglich einige Dutzend verputzt haben, um seine Manneskraft in Topform zu halten. Denn schon immer galten Austern als Aphrodisiakum. Schließlich ward die griechische Liebesgöttin Aphrodite aus dem Schaum des Meeres geboren, entstieg sie, heißt es immer wieder, dem edlen Schalentier. Seit dem 4. Jahrhundert vor Christus betrieben die Hellenen Austernzucht. Andere eiferten ihnen nach: das antike Rom, Frankreich, Portugal, England, Japan. Doch schon in der Steinzeit, ergaben archäologische Funde in Dänemark, standen Austern in beträchtlichen Mengen auf dem Speiseplan. Die kalorienarmen Preziosen entstammen heute zumeist Aquakulturen. Rund um den Globus sind sie verbreitet. Von China über Europa bis nach Kanada. Dabei führt die Pazifische Auster die Zuchtsorten an. Auch auf Sylt. In der Blidselbucht im Lister Watt betreibt Dittmeyer's Austern- Compagnie die einzige Austernzucht in Deutschland. Und weil die Insel eben »die Insel« ist, gab man sich gar nicht erst mit dem Allerweltsnamen der Crassostrea gigas ab. »Sylter Royal« wurde die Wattkönigin getauft. Mit Riesenerfolg. Über eine Million werden Jahr für Jahr in der Lister Hafenstraße verkauft.

Freitreppe und roter Teppich, Abendroben und verschwenderische Buketts – das war gestern, wenn Austern gereicht wurden. Längst hat die Lustspenderin auch ohne Gala ihren Auftritt. Und so mundet die Sylter Royal völlig unprätentiös als Pausensnack auf Shoppingmeilen in Hamburg, Berlin, Dresden, München, Zürich oder Wien – mit einem Spritzer Zitrone oder frisch gemahlenem Pfeffer. Dazu prickelnder Champagner oder ein gekühlter Chablis oder ein trockener Grauburgunder. Kann man doch dem Leben nicht mehr Tage, aber dem Tag mehr Leben schenken. Also: Genüsslich aus der Austernschale schlürfen (Besseresser behaupten, das sei falsch, man müsse das Fleisch zerkauen, mindestens dreiundzwanzig Mal!), und alles ein bisschen leichter nehmen!

1986 öffnete Dittmeyer's Austern-Compagnie. Seitdem importiert der Betrieb die daumengroßen »Setzlinge« aus Irland, wo sie als Produkt künstlicher Befruchtungen in Meereslaboratorien entstehen – zwanzig Gramm schwer. Unweit der Sylter Wattkante werden die künftigen Königinnen in reißfesten Kunststoffsäcken, den »Poches«, zu jeweils zweihundert Stück auf hüfthohe Eisentische geschnallt. Damit sie nicht zusammenwachsen oder sich in den Maschen verfangen, wenden und rütteln die Compagnie-Leute regelmäßig die Säcke, betten sie die Sprösslinge um, befreien sie ihre Schalen von Schnecken, Krebsen, Muscheln, Algen. Eine Knochenarbeit, da enorme

Lasten zu bewegen sind und sich die Arbeitszeiten nach den Tiden richten. Vom Wetter reden wir gar nicht erst. Bei auflaufendem Wasser stehen die »Austernfischer« mit ihren Gummi-Overalls bis zum Oberschenkel in der Strömung. In diesem Job muss man aufgehen.

Weltweit einzigartig bei Dittmeyer's in List: Im Winter werden die Austern in die firmeneigenen Innenbecken verlegt, in die über eine Pipeline unentwegt frisches Nordseewasser strömt. Im Frühjahr geht es wieder raus aufs Watt. Ein teurer Spaß. Noch teurer allerdings wären Schäden durch Frost und Eisschollen im Watt wie im sibirischen Februar 1991. Zigtausende Austern erfroren und erstickten damals.

Zwei bis drei Jahre dauert der Lister Aufenthalt. Dann hat die Sylter Royal ihr Idealgewicht von achtzig Gramm erreicht, ist sie fit für den Laufsteg. Doch bevor sie die Compagnie verlässt, wird fachkundig inspiziert, ob sie hinsichtlich ihrer Größe, ihrer Form und Beschaffenheit ihrer Schale den Qualitätsstandards entspricht. Handverlesen folgt schließlich eine »Dusche« mit Nordseewasser, bevor die Wattkönigin ihre Reise in alle Himmelsrichtungen antritt: nach Deutschland, nach Österreich, in die Schweiz, nach England, Spanien, Portugal – tagesfrisch verpackt in Spankörben, die mit Reet ausgelegt sind. Zur Sylter Gastronomie fährt Dittmeyer's Compagnie-Transporter von Haus zu Haus mit dem amtlichen Kennzeichen NF-SR = Sylt = Sylter Royal.

Alljährlich im Januar, wenn das Sylter Gourmet-Festival vom Stapel läuft, demonstriert die Crème de la Crème internationaler Kochkunst, was sie in der Pfanne hat. Passende Rahmen schaffen die Stars Johannes King, Maitre de Cuisine im Söl'ring Hof, oder Holger Bodendorf vom Landhaus Stricker, einem 1784 erbauten Friesenprachthaus. Drei satte Tage plus Auftaktabend ist Schwelgen angesagt, Tafeln mit Silber, locker, entspannt, elegant. Immer dabei – die zart nussige Sylter Royal!

In der Austernprobierstube und im Bistro neben Dittmeyer's Compagnie lädt die Wattkönigin ganzjährig zum Verkosten ihrer Variationen ein: gratiniert mit Kräuterbutter oder im Gemüsebett mit Lauch, Karotte, Knollensellerie oder auf Blattspinat mit Käse überbacken oder in Pernodbutter geschwenkt, geräuchert oder gedämpft.

Wer sich scheut, die Sylter Royal zu knacken, erfährt vor Ort, wie man das Kunststück ohne Brecheisen schafft. Ist doch die Schale hart und scharf, richtet unsachgemäßes Hantieren mit Messer, Schere, Licht schlimmste Verletzungen an. Und so rät die Compagnie eindringlich zu einem Austernmesser, das in List käuflich zu erwerben ist. Schutz bietet zudem ein Kettenhandschuh aus rostfreiem Edelstahl. Auch dieser gehört zu Dittmeyer's Warensortiment. Kostet allerdings über hundert Euro. Doch wo die Liebe hinfällt ... Gratis ist die Anleitung zur Eroberung der Wattkönigin. Schritt eins: Setzen Sie mit dem

Austernmesser am »Schloss« der Auster an, auf keinen Fall an ihrer Seite! Schritt zwei: Stechen Sie in die Schale und damit (auch wenn es schwer fällt) ins Tier, bis sich kein Widerstand mehr rührt. Schritt drei: Entfernen Sie die Oberschale mit einer Drehbewegung des Messers von der Unterseite und durchtrennen Sie in Schritt vier behutsam den seitlichen Muskel. Lohn der Angst: Die Auster ist offen! Bleibt nur noch Schritt fünf mit dem Durchtrennen des Muskels an der Unterseite. Liebhabern läuft spätestens jetzt das Wasser im Munde zusammen …

Florian Langenscheidt, Ururenkel des berühmten Verlegers der Wörterbücher mit dem blauen »L« auf gelbem Grund, landete 2010 einen Coup: Seiner aktualisierten Enzyklopädie »Marken des Jahrhunderts« fügte er die Sylter Royal als »erstes echtes Frischeprodukt« hinzu. Und so stieg die vollfleischige Auster, die mit ihren Vitaminen und Mineralstoffen zugleich ein hochkarätiger Gesundbrunnen ist, zur Botschafterin »German Standards« auf – neben Odol und Erdal, Penatencreme, 4711 und Sinalco. Voilà!

Ein Weltuntergangslied in Takten

Wenn Nordseestürme grollen

Die Liste ihrer Auftritte ist lang. Die Fluten, die sie seit Jahrhunderten mit furchterregendem Trommelschlag wild schäumend an die Küsten peitschten, bekamen wegen ihrer häufigen Wiederkehr um bestimmte Tage herum kalendarische Namen: Allerheiligenflut, Weihnachtsflut, Dreikönigsflut, Fastnachtsflut oder Petriflut. Manche Fluten wurden wie Kriege nummeriert, zum Beispiel die Erste und die Zweite Marcellusflut (1219 und 1362) oder die Erste und die Zweite Dionysiusflut (1374 und 1377). Und wie Kriege, Meereskriege, wüteten sie, vernichteten sie Menschenleben, Häuser, Kirchenspiele, Vieh. Vor allem die Zweite Marcellusflut, auch *Grote Mandränke* genannt, die in einer einzigen Nacht das sagenhafte Rungholt unter ihren Fluten begrub. Der Hafen, seinerzeit in Nordfriesland der bedeutendste Umschlagplatz für Getreide und Salz, lag nordwestlich der heutigen Hallig Südfall. Bei Ebbe lugen zuweilen Reste von Ziegelsteinen, Scherben, Brunnenringen aus dem Schlick hervor. »Noch schlagen die Wellen da wild und empört,/ Wie damals, als sie die Marschen zerstört«, dichtete 1882 Detlev von Liliencron in seiner Ballade, die jedes Schulkind in Nordfriesland auswendig lernt. Ungleich gewaltiger, noch dazu begleitet von Gewittern, fiel 1634 die zweite »Grote Mandränke« aus. Getrieben von Südweststürmen, aufgeputscht vom Neumond, fraßen sich Brecher durch die Deiche. Die Insel Alt-Nordstrand war hoffnungslos verloren. »Die finstere Nacht hat die große Gefahr verborgen«, überlieferte ein Augenzeugenbericht. Von den achttausendachthundert Einwohnern kamen über sechstausendzweihundert um. »Viele sind in ihren Betten weggetrieben … andere haben sich, ihre Weiber und Kinder aneinander gebunden, dass die grausamen Wellen sie im Tod nicht trennen möchten.«

Weitere schwere Fluten folgten 1717 und 1718. Wieder überschwemmte Deiche. Nicht nur an den Küsten Nordfrieslands, sondern auch in Ostfriesland bis zu den Niederlanden. In der Neujahrsflut 1721 wurde Helgolands Düne von der Felseninsel abgetrennt. Börteboote aus dicken Eichenplanken meisterten bis vor wenigen Jahren den Fährverkehr zwischen Insel und Düne, gesteuert von Helgoländer Schiffern mit lebenserfahrenen Wind-und-Wetter-Gesichtern. Was konnte diese Männer, in deren Augen sich der Horizont spiegelte, schon erschüttern? Nicht ein einziges Mal war etwas passiert, wenn sie mit ihren hochseetüchtigen zehn Meter langen Schwergewichten über hohe Wogen »surften« oder bei starken Winden durch die gefährlichen Strömungen lenkten, ohne dabei auch nur eine Silbe zu verlieren. Viele Sommer haben wir auf Helgoland verbracht. Bei strahlender Bläue, mit der keine andere Nordseeinsel konkurrieren kann, gab es für uns nichts Schöneres, als mit der »Börte« von gesündestem Reizklima umweht in den Tag zu starten, und abends, wenn die Sonne am Rande von Kitsch und Kunst glühende Bilder an den Himmel malte, mit der Börte wieder auf die Insel zu fahren. *Schiet*, wenn man die letzte verpasste! Sie legte gegen neun Uhr ab. Da blieb dann nur das private Wassertaxi, ein teurer Spaß. Abenteuer versprachen Wolkenbrüche. Unter einer blickdichten großen Plastikplane, die in Windeseile über die Köpfe sauste, rückte man unter dem prasselnden Regen zusammen. Klaustrophobisch Veranlagte gerieten da durchaus in Panik. Seekranke wollten aussteigen! Mitten auf der Nordsee! Die meisten Gäste aber juchzten auf, ist doch eine Seefahrt lustig!

Im Zeichen einer Touristikbranche, die jede Tilgung von Traditionen als Erfolg verkauft, wechselte man Helgolands Alleinstellungsmerkmal gegen geschlossene »Komfortschiffe« aus, was Stammgäste mit konsequentem Fernbleiben quittierten. Weitere Kreise zog die Reiseunlust, als man Teile der Düne, die bis dahin unter Naturschutz standen, mit Ferienbungalows bebaut hat. 2007 warfen Sturmfluten unter der Regie von Orkan »Tilo« ungeheure Sandmassen von der Düne ins Meer – viertausend Eisenbahnwaggons hätten sie füllen können! 2010 fiel ein Tornado über den Dünenzeltplatz her, schleuderten Strandkörbe haushoch in die Luft, die Bungalows blieben von dem Unwetter verschont. Es trifft immer die Falschen. In alter Seeräubermanier dachten die Helgoländer über neue Vermarktungskonzepte nach, die frisches Geld in die Kassen spülen sollten. Was lag da näher, als die Landkarte der Insel von 1721 wiederherzustellen, also die Düne wieder »anzunähen«? Doch damit nicht genug. Sandvorspülungen in großem Stil sollten zugleich die Inselnutzfläche ausdehnen – für bescheidene zweihundertfünfzig Ferienhäuser, schwimmende Eigenheime, ein halbes Dutzend Hotels und eine Marina für solvente Jachtbesitzer. 2011 stimmten die Insulaner über diesen Wahnsinn ab. Das Votum dagegen erreichte eine nur knappe Mehrheit. Armes Helgoland. Rot ist die Kant, weiß ist der Sand, grün ist das Land …

Sturmfluten drohen, wenn Tiefdruckgebiete vom Nordatlantik heranpreschen. Dort, weit draußen, brauen sich die Unwetter an der deutschen Nordseeküste zusammen, werden die Wellen mit Energie aufgeladen. Bei fünf Meter hohen Wasserschlachten schmettern zweihundertvierzig Megawatt auf einen Kilometer Strand. »Gero«, »Antje« oder »Kuno« (verstehe einer, warum Orkane gemütliche Kumpelnamen tragen!) bahnen sich zwischen Schottland und Norwegen an der Ostküste Englands vorbei ihren Weg nach Nordfriesland und metzeln alles nieder, was sich ihnen entgegenstellt. Wellen, die eben noch beruhigend säuselten, werden zu Gebrüll, aufgewirbelter

Sand lässt Dünen »rauchen«, die Halligen melden »Land unter«, Menschen torkeln wie betrunken zwischen Sturmböen, Schiffe verlieren ihre Verankerungen, irren auf der kochenden See umher. Sir Francis Beaufort, ein englischer Admiral, erfand 1806 jene Skala, nach der wir bis heute die Windstärken benennen und charakterisieren, angefangen bei Windstärke null, wenn absolute Windstille herrscht und das Meer wie in ruhiger Andacht atmet, bis Windstärke zwölf, wenn der Wind mit fünfundvierzig Metern pro Sekunde (!) seine Feldzüge antritt, bewaffnet mit baumhohen, Gischt spritzenden Wellen. Letztere nehmen seit einer Weile immer gewaltigere Ausmaße an, stellten Meeresforscher fest. Und die Abstände zwischen »Jahrhundertfluten« verringern sich. So folgte nach der »Großen Flut« von 1962 erst wieder 1976 ein ähnlich dramatisches Fanal. Doch nach den Orkanen 1990 marschierten Sturmfluten stakkatoartig 1991, 1992, 1993 heran. Sylt gingen die Attacken an die Substanz, woran sich bis heute nichts geändert hat. Durch ihre geografische Lage ist die Insel den Prankenschlägen der Nordsee besonders heftig ausgesetzt. Hinzukommt das extrem steile Unterwasserrelief vor Westerland, das bewirkt, dass sich die Flutwellen nach Hunderten von Kilometern Anmarsch erst kurz vorm Sylter Strand brechen – aufgeladen mit ungeheurer Schlagkraft. Mehrere Meter Küstenschwund sind alljährlich die Folge. Seit 1972 ist der Küstenschutz dabei, diese mit Sandvorspülungen auszugleichen. Dabei hinterlassen die Sandentnahmen aus dem Meeresboden vor der Sylter Westküste jedes Mal ein Loch, in das tausend Einfamilienhäuser hineinpassten. Alles auf der Insel erscheint maßlos.

Stürme haben keine Farbe, keine Konturen, sind unsichtbar, unberechenbar. Zu sehen ist nur, was sie nach Abzug ihrer Truppen hinterlassen. Auf skurrile Weise erzählen davon jene Kiefernwurzeln, die im Garten der »Kupferkanne« am Kampener Watt die Wolken bürsten. Ein halbes Jahrhundert steckten sie tief in der Erde, eingepflanzt von Günter Rieck, der das berühmte Café, besser gesagt die Bar, aus einem Flakbunker mit verwinkelten, nur von Kerzen beleuchteten Gängen und Nischen gezaubert hatte. 1949 landete der Bildhauer im Nachkriegsgewirr auf Sylt, von der Militäradministration bekam er den Bunker als Quartier zugewiesen. Rieck, der auch das Töpferhandwerk beherrschte, grub sich ein Schlafzimmer in den Geestkernsand, meißelte ein Fensterloch in die Bunkerwand, richtete sich ein Atelier ein, fing an, Vasen aus Wattschlick zu modellieren. Bald kamen Freunde, die es wie ihn auf die Insel verschlagen hatte, auf ein Glas Wein vorbei, Ernst von Salomon zum Beispiel. Aus dieser Urzelle ging die »Kupferkanne« hervor. Rund um das Bunkergelände legte Günter Rieck einen Park mit dreißigtausend Kiefern an. 1999, als Orkantief »Anatol« auf Sylt sein Unwesen trieb, lagen fast alle diese Bäume entwurzelt am Boden.

Mitarbeiter des Sylter In-Treffs pflanzten sie damals kopfüber wieder ein. Unter der Devise: »Mit neuem Schwung und neuer Frisur geht das Leben weiter.«

Stürme haben viele Stimmen, heulen, pfeifen, klagen, dröhnen. Manchmal sind sie schaurig, manchmal berückend schön. Einzelne Töne kann man kaum heraushören, Flutwellen überschlagen sich im Chor. 1920 weilte Alfred Kerr auf Sylt. Ein Unwetter zog auf. »Die Türen zittern. Draußen ein Keuchen.« Nur eine Luke wagte er einen Spalt zu öffnen. Seltsames drang an seine Ohren, anschwellend, nachlassend, »wie auf einer ungeheuren Geige gespielt«. Hatte sich irgendetwas an der Türverschalung gelöst? Plötzlich begannen Töne auch in seinem Zimmer zu vibrieren. Der Wirt klopfte an, eilte herein. Unter erlösendem Gelächter entdeckten sie, wie sich die Tonstärke der Unwettermusik durch schnelles Öffnen und Schließen der Zimmertür regulieren ließ. Ein »Gigantenkonzert« entstand, »ein Weltuntergangslied in Takten«. Auf einer Syltreise zuvor wurde der Weimarer Theaterkritiker nachts von »ewiger Donnermusik« geweckt. Sie kam vom Strand, wo die Wellen »braungrün« brandeten.

Barfuß durchs Watt

Hautnah eine der letzten Naturlandschaften Europas erkunden

Was für ein Gefühl! Schon beim ersten, noch vorsichtig tastenden Schritt auf dem entblößten Meeresboden! Schlickig schlammiges Graublau geht in endlose Flächen von gelbem Sandwatt über, dazwischen Sandbänke und Sandzungen, umgeben von Rinnsalen und Prielen. Der letzte Ebbstrom sammelt sich hier und fließt nach und nach gurgelnd ins offene Meer. Steigt das Wasser nach sechs Stunden wieder an, verschwinden die Rinnsale rasch, füllen sich die Priele, bis sich auch sie wieder mit dem Meer vereinen. Unerfahrene sind außerstande, ihre Tiefe abzuschätzen. Vorsicht ist darum geboten, sich allein auf den Weg zwischen Himmel und Erde zu machen! Immer wieder werden Sologänger von rückkehrenden Fluten erfasst. Andere kommen gerade noch mit dem Leben davon oder werden von einem Hubschrauber aus Strudeln und Strömungen geborgen. Gefährlich ist im Watt auch das Sonnenlicht. Der feuchtnasse Boden reflektiert ultraviolette Strahlen sehr intensiv. Noch gefährlicher ist Seenebel. In Sekundenschnelle verbreitet er seine undurchsichtigen Vorhänge und Kissen wie aus dem Nichts. Wo ist die

Küste? Links? Rechts? Hinten? Vorn? Wattführer proben mit ihren Gruppen den Ernstfall, indem sie alle Teilnehmer nebeneinander in einer Reihe aufstellen und mit geschlossenen Augen geradeaus an einen bestimmten Punkt zitieren. Fast keiner kommt an. Das fährt nachhaltig in die Glieder.

Seit 2009 trägt das Wattenmeer von den Niederlanden bis nach Nordfriesland die Krone Weltnaturerbe – auf gleichem herausgehobenem Rang wie die Serengeti in Ostafrika, die Galapagosinseln im Pazifik, das Große Barriereriff vor der Küste Australiens oder der Grand Canyon in den USA. Man hofft, dass auch noch die dänischen Watten um Fanø und Rømø zum Weltnaturerbe Wattenmeer hinzukommen.

Weltnaturerbe! Ein großes Wort, ein Geschenk? Man kann ein Erbe annehmen oder ausschlagen. Zunächst aber muss man erbfähig sein. Darunter versteht die Juristerei, überhaupt Erbe werden zu können. Tieren geht diese Fähigkeit ab, nicht, weil es ihnen an Intelligenz mangelt. Das Erbrecht wendet die Vorschriften für Sachen auf sie an, obwohl Tiere rechtlich (und auch sonst) keine Sachen sind. Wortklauberei? Nein, Paragraph 90a BGB. Wir, natürliche Personen namens Mensch, können Erbe werden. Wie schön! Haben dabei aber nicht nur Rechte, sondern auch Pflichten. Letzteres finden viele lästig. Auch im Falle Naturerbe Wattenmeer. Oder was ist mit denen, die die Ölförderung immer weiter ausdehnen, für

Offshore-Windparks, für Kabeltrassen plädieren? Sollte man ihnen nicht besser die Erbfähigkeit aberkennen? Ebenso den von allen guten Geistern Verlassenen, die Autoreifen, Waschmaschinen, Neonröhren über Bord kippen? Sollte man ihnen nicht jeden Zutritt zum Wattenmeer verwehren?

Wir Menschen sind im Wattenmeer nur zu Besuch, nur Gäste. Das haben aber noch lange nicht alle kapiert. Die weltweit einzigartige Naturlandschaft gehört den Seevögeln, den Meerespflanzen und dem Meeresgetier, bis hin zu Ameisen in den Salzwiesen, die bei Hochwasser in ihre Sandbunker flüchten, oder Spinnen, die sich bei Flut in ihre Unterwassernetze verziehen.

Von ihren »Big Five« sprechen die berühmten afrikanischen Nationalparks und meinen damit Elefant, Löwe, Nashorn, Büffel, Leopard. Unsere »Big Five« sind laut aktuellstem Infoblatt Nationalpark Wattenmeer: Seehund, Kegelrobbe, Schweinswal, Seeadler, Europäischer Stör. Leider ist der Stör ausgestorben, mit dreieinhalb Metern Länge einst ein Gigant im Wattenmeer. Seit 2008 läuft ein Anwerbungsprogramm im Einzugsbereich der Elbe. Drücken wir die Daumen, dass es Erfolg hat. Laut einem zweiten Infoblatt haben wir außerdem noch unsere »Small Five«: Wattwurm, Herzmuschel, Strandkrabbe, Wattschnecke, Nordseegarnele (fälschlicherweise meist Krabbe genannt, allseits bekannt vom Krabbenbrötchen).

Gevatter Wattwurm markiert seine Anwesenheit durch spaghettidünne Sandkringel, unter denen sich sein »großes U« verbirgt. Wie der Regenwurm im Garten lockert er den Meeresboden auf, indem er von der einen Seite seiner unterirdischen Röhre gierig Sand in sich reinstopft, durchkaut und an der anderen Seite wieder rausdrückt, was er nicht braucht. Husch, husch, muss das Geschäft verrichtet werden. Scharfsinnige Luftpiraten warten nur auf des Wurmes Hinterteil. Einmal weggebissen, ist jedoch kein Problem. Der »Leckerbissen« wächst mehrfach nach.

Millionen kleinster Krabbelviecher haben sich das Watt aufgeteilt. Auch Seemäuse gehören dazu, die wir indes noch nie gesichtet haben. Die haarigen Gesellen sind in Wahrheit Ringelwürmer, heißen aber nicht so, weil sie optisch mehr Gemeinsamkeiten mit den Nagetieren haben. Bloß nicht auf eine der Kreaturen treten, sagt man Herz klopfend leise vor sich hin, sobald man knöcheltief im Watt steckt, diesem streng genommen verbotenen Bezirk, dessen Geschicke von den astronomischen Kräften zwischen Sonne, Mond und Erde gelenkt werden.

Psst, was war das? Hat es da nicht eben aus den Tiefen geknistert und geflüstert? Schlickkrebse sind es, die aus bleistiftdünnen Röhren an die mit Kieselalgen und Plankton überzogene Wattoberfläche kriechen, um diese nach Nahrhaftem abzuscannen. Dabei spreizen sie ihre Fühler und erzeugen jenes eigentümliche Geräusch. Einen Schlickkrebs allein würden wir nicht hören, auch nicht zehn, nicht hundert, nicht tausend. Millionenheere sind es, die das Wattknistern und Wattflüstern produzieren!

Und da! Der Strahl! Schon wieder weg. Doch hier, noch einmal! Das muss wohl der »Siphon« gewesen sein, mit dem jene an die Wattoberfläche reichende Atemröhre der Muscheln gemeint ist, die beim ruckartigen Einziehen fontänenartig spritzt.

Das Watt ist zum Märchenausmalen schön! Mit Requisiten aus Seegras, Tang und Miesmuscheln. Der Name rührt vom mittelhochdeutschen Mies = Moos, denn die grünen Fadenbüschel, mit denen die Muscheln an Steinen und Buhnen kleben, gleichen dem Moosgewächs. Seeaale schießen auf unseren Bühnenbildern wie Blitze hin und her. Seesterne funkeln. Quallen, die Medusen des Meeres, betören Ehrfurcht auslösend mit ihren schleppenlangen Nesselfäden. Würzige Aromen oszillieren über den Myriaden minimaler Meeresseinsformen. Seenelken und Seeanemonen sorgen für Dekoration – durchblendet von einem mystischen Wolkenspiel.

Was ist Glück?

Wir fanden es auf einer Wattwanderung, natürlich geführt, von Lüttmoorsiel zur Hallig Nordstrandischmoor. Bei Vollmond!

Friesisch-karibisch

Auf der grünen Insel Föhr

Föhr ist anders. Will anders sein. Hat keine Dünen, nur selten aufbrausende See, liegt geschützt im Windschatten von Amrum und Sylt, das Klima ist sanft und mild. Im Lee der Geest lagerten sich Marschen ab, die Insel, pfannkuchenrund, wirkt daher wie ein Stück Bauernland. Für die Hälfte des Tages fällt sie an allen Ufern trocken, hat sich die Nordsee verzogen. Dank der Nähe zum Golfstrom wachsen auf Föhr Friesenrosen, Dahlien, Ginsterbüsche, Stockrosen, Klematis und Rittersporn im tuschkastenbunten Überfluss. Rapsfelder schütten ihr Gold über weite Inselflächen aus. Erdbeeren lassen freie Felder erröten, süß-aromatisch oder säuerlich werden die Früchte »auf Stroh gebettet«, so bleiben sie sauber und gesund, weiß Bauer Nielsen aus dem Friesendorf Borgsum. Einst hausten »die ollen Wikinger« in dem Dreihundertvierzig-Seelen-Nest, wird auf Borgsums Website norddeutsch humorig *vertellt*, und von diesen »vollbärtigen Typen mit Hörnern am Hut« hat man vor geraumer Zeit eine Menge »antiken Kram« gefunden. Wo? Auf der Lembecksburg! Eine Burg auf Föhr? Ja, aber nicht aus Stein mit Burggraben und Zinnen, das Wikingerrelikt ist ein zehn Meter hoher Ringwall, Luftaufnahmen vermitteln den Eindruck, einen grünen Krater auf einsamem Wiesengrund zu erspähen. »Was vor Zeiten da gewesen, / ist am Durchgang abzulesen«, skandieren Verse über das archäologische Denkmal, »Hörensagen lenkt die Schritte / In die Lembecksburger Mitte, / wo ein Kraftfeld, wundervoll, / Geist und Seele heben soll.«

Auf den saftigen, fetten Marschböden – sie bedecken drei Fünftel von Föhr – entwickelte sich Landwirtschaft, speziell nach dem Niedergang der Seefahrt Anfang des 19. Jahrhunderts. Über ein Dutzend Hofläden gibt es heute rund um Föhr, sie allein schon lohnen eine Inselradtour – auch als Tagesausflug von Amrum oder vom Festland über Dagebüll. Ziegenkäse, Schafskäse, Inselkäse, Eier, Milch und Butter werden in den familiären Läden verkauft, meist aus der Föhrer Hofmolkerei Eilun Moolk. Ein »feinheimischer« Genuss sind auch Gurken, Tomaten, Salat und inselfrisches Gemüse wie Bohnen, Brokkoli, Blumenkohl, Kartoffeln, Kürbis, Kohlrabi, Karotten, Spargel, Radieschen, Wirsing oder Zwiebeln. Dem Föhrer Erntekalender kann jeder entnehmen, was wann auf dem Markt ist. Genormter EU-Einheitsfraß hat dagegen keine Chance. Ach, könnten wir doch die »Marmelade« wieder auf die Etiketten holen! Brüsseler Regulierungswahn schaffte die oft hübsch mit der Hand geschriebene Vertrautheit vor einer ganzen Weile per Gesetz (!) ab, zugunsten von »Fruchtaufstrich«, der erwartungsgemäß nicht in den Volksmund passt.

Schön, dass die Föhrer Manufaktur »Marmelade & Co.« wenigstens ihren Namen beibehalten hat. Geschickt auch auf ihren Gläsern … mit Marmelade aus Föhrer Birnen, wilden Traubenkirschen oder Hagebutten, den »Olersemer Juppen«. Friesen bewahrten schon immer ihren Eigensinn, hatten schon immer ihren eigenen *Kopp*.

Föhr war früher die Insel der »Commandeure« und Kapitäne – im viel gerühmten »Goldenen Zeitalter«, als im Eismeer zwischen Spitzbergen und Grönland der Walfang begann, gefolgt von der Epoche der Handelsseefahrt. Kein Flecken der Welt, das ist historisch belegt, besaß jemals mehr Schiffsführer und Schiffsmannschaften als die Frieseninsel Föhr. Einblicke in diese bewegende Geschichte zeigt das Friesenmuseum im Hafenstädtchen Wyk anhand von Schiffsbildern, Kajüten, Schiffsmobiliar, Handwerkszeug der Segelmacher, Navigationsgerät, Fayencen, Zinn, Galionsfiguren. Mühelos kann man in den Museumsräumen mehrere Stunden verbringen. Sollte man sogar, möchte man den Hauch einer Ahnung zum Beispiel auch von der uthlandfriesischen Bauweise mit nach Hause nehmen, der Architektur außerhalb des friesischen Festlandes, also auf den Inseln und auf den Halligen. Reetdach und Klöntür reichen zur Typisierung nicht aus. Wichtig ist wie auch sonst im Leben das richtige Maß. Und das bedeutet: ein gestreckter, bis zu achtzehn Meter langer Hausgrundriss; zum Schutz gegen Sturm ein weit heruntergezogenes Krüppelwalmdach mit einer Neigung von mindestens fünfundvierzig Grad, damit Nässe zügig ablaufen kann, ohne in die Dachhaut einzudringen; ein Giebel als dominierende Mitte in der Vorderfront; Korbbögen über dem Hauseingang; weiß gestrichene zweiflügelige Holzsprossenfenster, die grundsätzlich nach außen zu öffnen sind; aus Eisen geschmiedete Beschläge sowie Maueranker in Form von Initialen oder Jahreszahlen als Schmuck. Seit 1927 steht auf dem Museumsgelände in Wyk Föhrs ältestes Friesenhaus, das älteste datierte von ganz Nordfriesland. »Anno 1617« ist in einen Dachbalken eingekerbt. Das Gemäuer drohte zu verfallen, weshalb man es abgetragen und zu Besichtigungszwecken wieder aufgebaut hat.

Wer eine Friesenimmobilie stilgerecht sanieren will, wende sich an den Föhrer Museumsverein. Kompetent wird man hier mit Fachbroschüren versorgt, bekommt man Hilfe, klugen Rat. Liegt es dem Verein doch am Herzen, das alte Bauen auf der Insel zu bewahren und damit die alten Werte und Traditionen. Besorgniserregend laufen auf Föhr – nach Sylter Vorbild – immer mehr Leute mit Dollarzeichen in den Augen herum, verscherbeln Einheimische attraktive »Seestücke« an Spekulanten und Investoren. Es wäre nicht verkehrt, den alten Friesenspruch *Lewwer duad üs Slaav*, Lieber tot als Sklave, mal wieder aus der Seekiste zu holen …

Ästhetik indes überwiegt. Zum Beispiel in

dem mit vielen Auszeichnungen geehrten Friesendorf Nieblum, fünf Kilometer von Wyk entfernt. Schauen Sie sich mit Muße um! Verordnen Sie sich Aufmerksamkeit! Und stecken Sie als Begleitung Harro Bohns Klassiker über »Die Häuser des Dorfkernes einst und jetzt, ihre Bewohner früher und heute« auf ihren Wegen ein! Der 1923 selbst auch in Nieblum geborene Autor durchforstete Berge von Akten, die von Nieblumer Häusern erzählen – sortiert nach Adressen wie Smal Jat, Poststrat oder Babendörpstieg. Harro Bohn saß an der Quelle, konnte aus dem Vollen schöpfen, immerhin war er viele Jahre Archivar der Ferring Stiftung. Im Nachbardorf Alkersum, wo das Museum Kunst der Westküste 2009 seine Tore öffnete, hat sie ihren Sitz. Und auch hier wieder wird Kulturgeschichte gepflegt, erhält man Auskunft zu Sitten und Bräuchen, wozu auch Sprachfeinheiten und Sprachgepflogenheiten zwischen Friesisch und Platt gehören. Eine Probe aufs Exempel: Wann haben wir einen Föhringer vor uns, wann einen Föhrer? Ersterer blickt auf eine mindestens achthundertjährige Familientradition zurück und spricht selbstverständlich Friesisch, der Clan des anderen kann mit nur vierhundert Jahren Inselverbundenheit aufwarten und *snackt* Platt. Alles klar?

Harro Bohns Nieblum-Buch ist ein kurzweiliges Nachschlagewerk zu über hundert Nieblumer Friesenhäusern. Im Telegrammstil fasst er ihre Eckdaten zusammen, ergänzt von biografischen Notizen und historischen Fotos: Von 1777 bis 1781 wohnte etwa im Karkstieg 9 der Seefahrer Jacob Broders, er starb auf der Rückreise von Grönland nach Kopenhagen, »auf Seeland beigesetzt«. Im Namine-Witt-Wai 1 lebte Erk J. Hansen, »1729 entführte er seine Braut J. Thur Ocken von Wyk und heiratete sie trotz Verbot«. Aus dem Friesenhaus im Drunkenmannsstieg 14 ist von Krassen Eschels zu hören, »Sie wurde zu einer Zuchthausstrafe verurteilt, weil sie Pastor Posselt einen ›Seewolf‹ genannt haben soll. Sie starb 1826 in Alkersum«. Viel los war offenkundig stets in der Jens-Jakob-Eschels-Straße. So in der Nr. 4, wo sich von 1799 bis 1814 Christian Rasmus, ein Schornsteinfeger aus Jütland, einmietete. »1786 wurde er wegen Schafdiebstahl zu einer Karrenstrafe verurteilt.« In der Nr. 18 lebte von 1743 bis 1759 Ady Nickelsen, »Er hat seine Nahrung zu See gesucht und gefunden«. Sohn Volkerts Adys war »Ackermann«, Dorfvogt, Ratmann, Deichvogt, stieg zum größten Landbesitzer von Nieblum auf. In der Nr. 22 fertigte Seemann Nahmen Nahmens von 1750 bis 1768 Kompasse, Oktanten und Stundengläser an. 1845 zog Kapitän Knudtsen in das Friesenhaus ein. »32 Jahre« war er auf See, »davon 11 Jahre auf Schiffen ersten Ranges« der Hamburger Reederei Sloman. Zusammen mit der Reederei Laeisz gab sie in der Hansestadt den Ton an. Peter Haase, Organist der St. Johannis-Gemeinde, logierte von 1734 bis 1757 im Friesenhaus in De Gröne Eck 7, in zweiter Ehe war er mit der Tochter von Georg Philipp Telemann, Anna Clara, vermählt. Der aus Hamburg stammende Maler Christian Carl Magnussen schließlich kaufte 1869 das von windschiefen Linden gesäumte prächtige Friesenhaus Bi de Süd 14 (1968 wurde es abgerissen!) und begann in dieser Umgebung, Mädchen und Frauen in Friesentracht zu porträtieren. Spielend mit Licht und Schatten, malte er den Silberfiligranschmuck, die bestickten Hauben, blauschwarzen bodenlangen Kleider, seidenen Brusttücher und mit Spitzen verzierten Schürzen aus anmutig fallendem weißen Stoff. Doch ob die Gesichter immer »echt« waren? Viele Friesinnen lehnten Modellstehen ab. »Denn können se ja in Dütschland seggen: ›Kiek mal, dar is Tienje, kiek mal dar is Antje.‹ Ne, dat dör ick nich!« So empörte sich eine Föhringerin. Heute geben viele Mädels »alles«, um Model zu werden. Nicht nur in Germany. Ein Fortschritt?

Föhr umkränzen sechzehn Friesendörfer. Jedes versprüht einen eigenen Charme. Oldsum, wo sich einst Hippies in Love and Peace übten und inzwischen Künstler, Musiker, Tontöpfer in edel restaurierten Kapitänshäusern ihre Galerien und Werkstätten einrichteten. Utersum, wo sich Amrum und Föhr fast küssen – keine zweitausend Meter trennt die Inseln an dieser Stelle im Wattenmeer, die meisten Wattwanderungen an der Nordseeküste gehen hier hin und her. Midlum, wo Schafwolle lockt. Von wärmenden Socken über Puschen und Pullis wird alles selbst geschoren und versponnen. Wenn die Strickwaren doch nicht so kratzig wären …! Oevenum, wo das Landhaus Laura aus einem dreihundert Jahre alten Reethof »erwuchs«: Gefrühstückt wird im ehemaligen Kälberstall, gehoben getafelt im ehemaligen Kuhstall, genächtigt in fünfzehn exklusiven Zimmern in der ehemaligen Scheune, Kaffee und hausgemachten Kuchen gib es im alten Obstgarten unter Schatten spendenden Bäumen. Gastgeber Jörn Sternhagen, der gebürtige Cuxhavener, dichtender Küchenchef (»Kommt der Fisch gleich in die Suppe, / ist die Temperatur ihm schnuppe. / Schwimmt er dort doch recht viel schneller, / als in Sauce auf dem Teller«) und engagierter Familienvater, bietet Kinderkochkurse an, damit süß, salzig, sauer, bitter auch im Fast-Food-Alltag eine Zukunft hat.

Zweihundert Kilometer Radwege gibt es auf Föhr. Zweihundert Hektar Wald. Achthundertfünfzig Pferde. Fünf Windmühlen. Fünf Hundestrände. Einen Flugplatz. Und drei behäbige backsteinerne Friesenkirchen. Sie sind das Wahrzeichen der Insel, zu Wasser und zu Lande aus allen Himmelsrichtungen zu sehen: St. Nikolai in Boldixum, St. Johannis in Nieblum, St. Laurentii in Süderende. »Sprechende Steine« schmücken die Gräber auf ihren Friedhöfen, erzählen in Bibelversen und Inschriften von Freud und Leid und Schicksalsschlägen, vom Tod »im ungesthümen Meer«, von Glaube, Liebe, Hoffnung. Wahre Gottesäcker sind es, auf denen die alten Friesendome stehen. »Zu Nieblum will ich begraben sein, am Saum zwischen Marsch und Geest«, schrieb 1907 Inselgast Christian Morgenstern.

Um diese Zeit besuchte Kronprinz Friedrich Wilhelm mit Gemahlin Victoria, Princess Royal of England, das Nordseebad Wyk zum Lustwandeln und Zerstreuen, »ein entzückender stiller Ort«, telegrafierte die Tochter von Königin Victoria nach London. Bei Christian Carl Magnussen nahm die Prinzessin, eine begabte, unkonventionelle junge Frau, private Malstunden. Und gern war sie auf der Insel mit Sohnemann Prinz Wilhelm unterwegs, dem späteren Kaiser Wilhelm II. – zauberhafte Aquarelle gelangen Viktoria von Preußen, Bilder vom Strand, vom Föhrer Land. Und auf ihren Ausflügen mit ihrem Mallehrer in die Inseldörfer entstanden Aquarelle von Mädchen in Friesentracht – in zartem Lichtgrün, in Ockerbraun, in Creme.

Die Hohenzollern knüpften an die Aufenthalte des dänischen Königshauses auf Föhr an. Denn seit 1842, als der dänische König Christian VIII. den Flecken Wyk zu seiner Sommerresidenz gemacht hatte, bekamen Straßen und Plätze Glanz und Glamour. Auf dem Sandwall, nun eine Prachtpromenade mit Ulmenreihen, flanierte der halbe Hofstaat. Und im Königsgarten, den Königin Caroline Amalie 1844 mit Esskastanien, Buschwindröschen, Schachbrettblumen gestaltete, trafen sich Insulaner wie Gäste zum Spazierengehen oder beschaulichen Ausruhen auf einer Bank. Genau das richtige Pflaster auch für Walzerkönig Johann Strauß. Mit Lilly, seiner zweiten und vorletzten Ehefrau, erkor er 1878 das zum Modebad avancierte Wyk für seine Flitterwochen aus. Gelegentlich wogt noch die Musikmuschel im Walzertakt, wenn das Kurorchester die »Nordsee-Bilder« anstimmt, die der kaiserlich-königliche Hofball-Musikdirektor aus Wien damals auf der Insel komponiert hat.

Karibisch will Föhr künftig sein, anders als die anderen. »Mit einer umfassenden strategischen Neuausrichtung macht sich die Nordseeinsel fit für das nächste Jahrzehnt«, so anno 2010 die örtliche Tourismus-Managerin. Zielvorgabe ist die Vergrößerung des »Gästevolumens«, wobei »Best Ager« – warum nicht gleich »Best Payer«? – im Fokus vieler Anstrengungen stehen. Mit den »Themeninseln« Gesundheit, Genuss und Kultur, das ist purer Ernst, will man zu »Flirts« mit der grünen Insel anregen. Und da diese so herrliche weiße Sandstrände hat, wenn auch nur fünfzehn Kilometer, wofür Föhr nix kann, heißt die Destination jetzt »Friesische Karibik«. An türkisfarbenen Lagunen, Palmen, Exotik und Erotik wird vermutlich noch gearbeitet. Also bitte Geduld! Das Ausflugsschiff »La Paloma« hatte mit seinen »Kreuzfahrten« vorm Wyker Strand, als alles von »Bella Italia« träumte, auch Erfolg.

Seehunde im Sonnenbad

Denn sie wissen, dass man sie nicht mehr jagt

Sie sind die Wappentiere der Nordsee, die Publikumslieblinge Nummer eins. Postkarten mit Schnappschüssen von ihnen, wie sie sich auf einer Sandbank in der Sonne räkeln, wie sie mit weit geöffnetem Maul gähnen, wie sie ihren Kopf aus dem Wasser stecken, verkaufen sich wie von selbst. Ihre dunklen Knopfaugen, die uns so sehnsuchtsvoll angucken – bilden wir uns zumindest ein –, wecken Beschützerinstinkte. Kinder vor allem möchten die grausilbrigen Felltiere streicheln, sie drücken und herzen. Doch Vorsicht! Seehunde sind gefährlich, haben große scharfe Zähne, werden bitterböse und beißen, wenn sie sich angegriffen fühlen. Mindestens dreißig Meter Abstand sollte man deshalb zu ihnen wahren, sofern man ihnen am Strand begegnet. Was allerdings nicht allzu häufig geschieht. Denn Seehunde sind scheu, robben sofort ins Wasser, in ihr Element, wenn Vertreter unserer Gattung forsch und ob ihrer Entdeckung womöglich noch laut »Ein Seehund!!« brüllend auf sie zugehen. Auf der Helgoländer Düne allerdings tummeln sich Seehunde seit etlichen Jahren gegenüber der Mole am Südstrand, dicht an dicht mit Kegelrobben, in friedlicher Koexistenz mit den Sommerbadegästen.

Den beiden Säugetieren ist gemein: Sie zählen zur Gruppe der Hundsrobben und haben im Wattenmeer keine natürlichen Feinde – soweit man darunter Meeresbewohner versteht. Beziehen wir Meeresbenutzer mit ein, mithin uns natürliche Zweibeiner, sieht die Sache anders aus. Oder entwickeln sich Schadstoffe im Nordseewasser von allein? Fällt Plastikmüll vom Himmel? Legen Möwen die Ölteppiche aus? Verlieren Seehunde und Kegelrobben durch Wind und Wellen an Lebensraum? Wer hat die Seemooswiesen und Sandwurmriffe kaputt gemacht?

Der »Giftcocktail« im Seehundsspeck lässt Rückschlüsse darauf zu, wo sich die Tiere aufgehalten haben, etwa in der Nähe der Flussmündung der Elbe. Deren Fahrrinne – ein anderes Thema – wird tiefer und tiefer ausgebaggert. Den Containerschiffen im Hamburger Hafen soll es schließlich gut gehen.

Seehunde und Kegelrobben ähneln einander nur aus weiter Ferne. Bei näherer Betrachtung fallen ihre Unterschiede auf: Seehunde sind zierlicher und leichter und bringen im Frühsommer ihre Jungen zur Welt. Diese wiegen um die zehn Kilo und tragen vom ersten Tag ihr Wasser abweisendes Fell. Einen guten Monat laben sie sich an der nahrhaften Milchbar, der Fettgehalt von Seehundsmilch liegt bei fünfundvierzig Prozent. Anfangs noch huckepack auf Mutters Rücken, müssen sie nun selbständig schwimmen und sich allein in weiter Flut zurechtfinden. Kegelrobben sind deutlich massiger als Seehunde, ihre Bullen werden bis zu drei Meter lang und sechs Zentner schwer. Wurfzeit der Kegelrobben ist der Winter, ihre Jungen tragen ein weißes, langhaariges Babyfell. Die Milchbar ist nur drei Wochen geöffnet, doch weil der Fettgehalt der Kegelrobbenmilch dreiundfünfzig Prozent beträgt, setzen die Kleinen rasch an und wechseln ihr Wuschelfell gegen einen wasserdichten »Schwimmanzug« aus. Ab ins Meer, heißt es dann! Ihre kegelförmigen Zähne brachten den Robben ihren Namen ein. Allerdings gibt es auch die Meinung, dass ihre kegelförmige Schnauze Namensgeber war. Wie dem auch sei. Seit Urzeiten in der Nordsee zu Hause, rottete menschliche Schießwut die Tiere bis zum Ende der wilden Zwanziger aus. Um 1960 kehrten die Kegelrobben ins Wattenmeer zurück. Ihre Kolonien haben sie heute im Bereich der Knobsände vor Amrum und Sylt, um Scharhörn und Nigehörn, auf der Kachelotplatte vor Juist und nahe der Insel Terschelling in Holland. Die Population der gefleckten Robben (weibliche haben dunkle Flecken auf hellem Fell, männliche helle auf dunklem Fell) wird hier auf insgesamt zweitausendzweihundert geschätzt.

Seehunde gibt es im Wattenmeer knapp zehnmal so viele. Die älteren unter ihnen, die um die vierzig Jahre alt sind, tragen noch die alte Angst in sich, gejagt zu werden. Bis 1972 war das an der Nordsee der Fall. Sobald an den Helgoländer Landungsbrücken ein Bootsmotor gezündet wurde, so erinnern sich noch manche Börteschiffer, flüchteten die Seehunde instinktiv vom Dünenstrand auf die Seehundsklippen, um sich in Sicherheit zu bringen. Seehundsfleisch mit Kartoffeln kam auf der Hochseeinsel einst zum Mittagessen auf den Tisch. Strandkioske und Souvenirläden verkauften überall an der Küste Seehundsfell-Schlüsselanhänger und Seehundsfell-Portemonnaies. Wintermäntel, Taschen und Stiefel wurden aus Seehundsfell fabriziert. Sprach der Seehund zum Robbenjäger, so Ringelnatz: »Wie ihr Indianer und Neger/ Nicht glücklich für sich leben ließt,/ Stellt ihr uns nach und schießt/ Uns nieder. Für Bettvorleger.«

Mit dem Aufstieg des Bäderwesens Mitte des 19. Jahrhunderts vergnügten sich Kurgäste mit Seehundsjagd. Stempelte man die Tiere als »Schädlinge« ab. Warum? Weil sie als »Fischfresser« galten! Tatsächliche Schädlinge und Fischfresser sind längst die Industrie-Fangflotten, die die Meeresböden abrasieren, und der menschliche Appetit, der keine Grenzen kennt. Ein Seeungeheuer müsste all dem ein Ende setzen ... Unsere Welt ist völlig verdreht.

1998 und 2002 verendeten fünfundzwanzigtausend Seehunde in der Nordsee. Ein Staupevirus, vermutlich aus einer dänischen Nerzfarm über das Kattegat eingeführt, war der Grund. Gott sei Dank haben sich die Seehundbestände erholt.

Mit Ausflugsschiffen kann man Seehunde

wie auch Kegelrobben vom Wasser aus durchs Fernglas beobachten. Die Sonnenanbeter kennen das schon. Absolute Ruhe an Bord ist dennoch oberste Pflicht, wie von den Kapitänen in einer Ansage an die Schiffsgäste unmissverständlich durchgegeben wird, sobald man sich einer »Sonnenbank« nähert.

Den einst Gejagten wird mit Respekt begegnet. Doch was noch immer nicht durchgesickert ist: Finger weg von »Heulern«! Also jenen frisch Geborenen, die am Strand liegen und »heulen«, weil ihre Mutter auf Nahrungssuche ist und sie sich verlassen fühlen. Immer wieder passiert es, dass die Tiere umzingelt, schlimmer noch angefasst oder ins Wasser gescheucht werden. Die Seehundsmutter traut sich dann meist nicht mehr an ihren Nachwuchs heran. Ein sicheres Todesurteil sind Hunde, die einen Heuler abschlecken.

Seehunde können sich aber auch verirrt oder verletzt haben. Die sicherste Erste Hilfe heißt dann in jedem Fall: Sofort einen Seehundjäger oder die Seehundstation in Friedrichskoog benachrichtigen! Wenn alle Stricke reißen, hilft auch der Notruf bei der Polizei. Hauptsache, man hat alle Telefonnummern im Handy oder sonst wo dabei. 2011 verzeichneten die Biologen in Friedrichskoog »Heulerrekord«: neunundachtzig Waisen, doppelt so viele wie sonst im Jahresdurchschnitt, päppelten sie wieder auf und machten sie »stark« für die Freiheit. Ähnlich sieht es in der Seehundstation in Norddeich aus. Aber das ist nicht mehr Nordfriesland.

Im Nebeldunst wie Schiffe am Horizont

Die Welt der Halligen

Wir trauten uns nicht, einzuschlafen. Der Meeresschlag hielt uns wach, ließ uns innehalten, horchen. Nur wenige Meter von der Warft unserer Unterkunft entfernt, schlugen die Wellen an die Halligkante. Doch Land unter würde in dieser Nacht nicht passieren, versicherte man uns schon bei der stürmischen Herbstankunft auf Langeneß. Beruhigend? Bis zu vierzig Mal im Jahr werden die Halligen überflutet, die einen mehr, die anderen weniger. Langeneß trifft es bis zu dreißig Mal im Jahr. Bilder vom düsteren Nebelmann, der seine kalten nassen Netze über die Halligwiesen wirft, schlichen sich in unsere bange Fantasie, Furcht einflößende alte Flutbeschreibungen meldeten sich Zeile für Zeile zurück. »Manch ein fremdes, aus seiner Bahn verschlagenes Schiff segelte schon in solchen Zeiten bei nächtlicher Weile über eine Hallig hinweg«, raunte Johann Christoph Biernatzki, 1821 Prediger auf der Hallig Nordstrandischmoor, »und die erstaunten Seeleute glaubten sich von Zauberei umgeben, wenn sie auf einmal neben sich ein freundliches Kerzenlicht durch die hellen Fenster einer Stube schimmern sahen, die, halb von Wellen bedeckt, keinen andern Grund als diese Wellen zu haben schien.« Die »Halligenflut« im Februar 1825 – bis heute mit dem höchst gemessenen Wasserstand – verwüstete nahezu alle Hallighäuser, riss Schafherden und Kühe in den Tod und weit über neunhundert Halligbewohner. Steindecken und Sommerdeiche schützen inzwischen die »schwimmenden« Wiesen aus Sand, Torf und Schlick, viele Warften, jene künstlich aufgeschütteten Erdhügel, wurden immer wieder erhöht. Land unter indes bleibt, wird mit Orkantiefs immer wieder geschehen wie auf die Nacht der Morgen folgt. Die Langenesser und ihre Hallignachbarn sehen das gelassen, regen sich ohnehin nicht auf. Haben gelernt, mit dem Ausnahmezustand zu leben, die Zeichen nahender Stürme zu entziffern, die Partitur ihrer Melodien zu verstehen.

Ungehalten und *fünsch* werden die Halligleute darum, wenn man in ihrer Welt von »Inseln« spricht. Denn die über Resten versunkener Marschen und Moore gewachsenen Gebilde, die vom Himmel aus betrachtet wie grüne Tupfer im Meer liegen, sind keine Inseln. Sonst würden sie nicht überspült. Was die Halligen in ihrem Innersten zusammenhält, erkennt man gut an ihren unbefestigten Ufern auf historischen Fotografien. Mit dünnen Streifen aus Muschelgruß durchzogene »Sturmflutschichten« sind da deutlich zu sehen – Sinkstoffe, die die Meereswellen anschwemmten.

Anders als auf Amrum, Föhr und Sylt ist die Nordsee auf den Halligen immer präsent, von jedem Punkt aus im Blick. Wind und Wasserkraft haben hier das absolute Sagen, demonstrieren seit jeher ihre Macht. Leben bedeutete bis vor nicht allzu langer Zeit Überlebenskampf. Die heutigen Halligen waren einst ungleich größer, etwa ein Viertel bis ein Drittel nur ließ ihnen im Laufe der Uthlandgeschichte die Flut. Die Hallig Jordsand wurde gänzlich verschluckt. Sie lag östlich von Sylt. 1807 gab es noch mehrere Warften auf dem vierzig Hektar umfassenden Fleckchen, 1895 hatte sich dieser um die Hälfte durch sandsüchtige Fluten reduziert, die letzte Warft wurde im Sturm zerstört. Übrig blieb nichts als Weideland. Und ein Vogelschutzgebiet, errichtet vom 1907 gegründeten Verein Jordsand, der sich bis heute für das Wohl der Seevögel an der Nordseeküste einsetzt. Bald betrug die Hallig Jordsand nur noch zwei Hektar, was man sich in der Länge und Breite als Laufstrecken von hundert mal zweihundert Metern vorstellen kann. Im Winter 1998/1999 verschwand die Hallig Jordsand von der Landkarte, vereinte sie sich mit der gleichnamigen Sandbank.

Den Elementen preisgegeben, drängen sich in der Welt der Halligen Gedanken zum Größenverhältnis von Natur und Mensch auf, über das Hier und Jetzt, über das kostbare Gut des Augenblicks. Permanenter Schleudergang wirft aus der Bahn, zieht den Boden unter den Füßen fort. Schon im

August füllen sich die Supermarktregale mit Spekulatius und Lebkuchen.

Noch immer sind wir wach, lauschen wir dem Crescendo und Decrescendo der Wellen. Der gleich bleibende Rhythmus vertreibt innere Bedrängnisse, den aufgesogenen festländischen Lärm. »Vielheit zerstört die Seele«, mahnten schon die Weisen. Im Einfachen liegt der Schlüssel zum Glück. Das suchen viele Gäste auf Langeneß.

Die Hallig ist neun Kilometer lang und drei Kilometer breit – und mit diesen Dimensionen die größte unter ihresgleichen. Nur zehn der ehemals rund fünfzig Halligen haben die naturgewaltigen Küstendramen überlebt. Fünf Halligen sind heute bewohnt. Darunter Langeneß. Ihre Einwohnerzahl bewegt sich um die hundertdreißig herum. In Form einer Schute wuchs Langeneß durch Buhnenbauten und Landgewinnungsmaßnahmen aus den drei Halligen Nordmarsch im Nordwesten, Butwehl im Süden und Langeneß im Osten zusammen. Nordmarsch lag bis ins 16. Jahrhundert hinein nur einen Steinwurf von Föhr entfernt und gehörte pfarramtlich zu St. Nicolai in Boldixum und St. Johannis in Nieblum. Als sich das Tief zwischen Föhr und Nordmarsch verbreiterte, wurde die Verbindung nur noch wenig genutzt. 1599 baute man daher auf Nordmarsch eine eigene Kirche. Über ein Jahrhundert predigten Pfarrer hier Gottes Wort. Doch als »von Nordwest des Todes gewaltige Fluten«

am Kirchhof nagten, riss man die Kirche ab und erwarb für einen Neubau in der Halligmitte ein Gemeindegrundstück. Ein »Ley«, hochdeutsch: Priel, strömte durch dieses »hillige« Land an der Kirche vorbei. Die Wyker Dampfschiffs-Reederei W.D.R. steuert heute vom Festlandhafen Schlüttsiel mit der »Hilligenlei« die Hallig Langeneß an. Auch Hallig Hooge. Aber nicht jeder hat zum Aussteigen Lust, seitdem sich die »Königin der Halligen« mit neunzigtausend Tagesgästen pro Jahr dem Massentourismus verschrieben hat.

Die heutige Kirche von Langeneß entstand 1894 – auf den Fundamenten der Kirche von 1725, die der Kirchwarft ihren Namen gab. Die beiden Taufsteine aus Muschelkalk und Rotsandstein gehen auf früheste Zeiten der Uthlande zurück. Den Flügelaltar stifteten 1670 zwei Langenesser Schiffer. Das Votivschiff schnitzte ein Halligmann 1928 nach einem Fliesenmotiv. Manches Inventar trieb als Strandgut an. Und noch immer werden bei Ebbe Überbleibsel alten Kirchenmobiliars aus dem Schlick gefischt. Bis zur großen Flut von 1634 zählte die Region zweiundzwanzig Kirchspiele. Die Weite der Halligwelt erstreckt sich also nicht nur auf horizontaler Linie, sondern auch auf vertikaler, die in ihre versunkene Vergangenheit führt.

Erstbesucher auf Hallig Langeneß fragen oft, wo denn die Kirche überhaupt sei. Sieht man doch nirgendwo einen Turm. Es gibt auch keinen. Das Gewicht würden die Mauern nicht tragen. Der Halligboden ist zu uneben, bietet zu wenig Halt. Ein Glockenstapler wacht stattdessen im Gras neben der Kirche in einer architektonischen Mischung aus Bake und Gartenpavillon. Die spitze Haube ist nicht einmal halb so hoch wie die Kirche selbst – zum Schutz gegen Orkan und Sturm. Die Halligkirchen von Oland und Hooge haben ebenfalls Glockenstapler, gezimmert und gebaut, wie die Bezeichnung verrät, aus gestapeltem Holz. Auch auf dem Festland findet man diese Kirchturmform. Zum Beispiel in der Schleswiger Geest in Rickert bei Rendsburg. Die Dorfgemeinschaft war vom Hooger Glockenstapler derart angetan, dass sie eine Kopie davon für ihren Kirchhof in Auftrag gab. Und wie sieht es auf Gröde aus? Mit siebzehn Einwohnern ist die Hallig die kleinste Gemeinde Deutschlands und damit auch der kleinste Stimmbezirk. Die Wahlbeteiligung liegt konstant bei hundert Prozent. Die Stimmzettel werden in der Wohnstube von Bürgermeister Mommsen abgegeben und ausgezählt. Das Wahlergebnis steht bundesweit immer als Erstes fest. Auf Hallig Gröde steht auch Deutschlands kleinste Schule. Zwei Schüler besuchen sie aktuell, der eine in Klasse eins, der andere in Klasse drei, beide sitzen mit der Halliglehrerin zusammen an einem Pult. Der Unterricht findet unterm selben Dach mit der Halligkirche statt. Ihr Gemäuer stammt aus dem Jahr 1792, ihr Altar aus der Renaissance. Einen Turm hat Grödes Kirche nicht. Auch keinen Glockenstapler. Der schlichte Bau wirkt von außen wie ein schlichtes Friesenhaus – mit herrlicher Meeresaussicht. Alle vier Wochen ist je nach Wetterlage Gottesdienst. Denn der Halligpfarrer kommt von Langeneß. Bei Land unter oder Sturm oder Eisgang kommt er natürlich nicht, zumal es zur Hallig Gröde keine regelmäßigen Fährverbindungen gibt.

Weltabgeschiedenheit prägte früher die Halligen, eine unheimliche wie zugleich geheimnisvolle Aura. Elfriede Rotermund, die »Halligdichterin«, geboren 1884 in Schlangen am Teutoburger Wald, fing den Alltag in ihren Novellen ein. Ein Genesungsaufenthalt hatte sie 1909 nach Nordfriesland gebracht, auf die Hallig Habel. Sie ist heute die kleinste Hallig im Wattenmeer, zwei Kilometer östlich von Gröde entfernt, bis zu sechzig Mal im Jahr herrscht Land unter, werden ihre Salzwiesen überspült. Auf der einzigen Warft mit einem einzigen Haus wie im Bilderbuch mit Reetdach und vergissmeinnichtblauen Fensterläden wohnt ein Vogelwart des Vereins Jordsand. Und nur diesem ist Zutritt zu diesem Paradies Tausender gefiederter Gäste erlaubt. Im Frühling machen Ringelgänse Rast auf Habel, schnattern sie im saftigen Gras, im Herbst schlagen sie sich im Watt mit Quellern den Bauch voll – rott, rott, rott.

Elfriede Rotermund, damals noch unverheiratet mit ihrem Mädchennamen Schönhagen, erlebte 1909 auf der Hallig die schwere Novemberflut, notierte in ihr Tagebuch, »alles auf diesem winzigen Eilande predigt erschütternd Vernichtung«. Oft saß sie mit Kapitän Nommensen und seiner Frau zusammen, die »inmitten der von Prielen und Rinnsalen zerpflückten Fennen ihr karges Dasein fristeten, von der Größe ihrer Einsamkeit macht man sich so leicht keinen Begriff«. Als Lehrerin auf Borkum lernte sie später ihren Mann, Pastor Robert Rotermund, kennen. Durch Zufall erreichte sie dort die verlockende Nachricht, dass auf Hallig Oland die Pfarrstelle frei werde. Das Ehepaar bewarb sich, hatte Erfolg, blieb sechzehn Jahre lang. In dieser Zeit schrieb Elfriede Rotermund »Die große Stille« (1926) oder »Wenn die Stürme schweigen« (1929). Ihre Bücher gingen als Klassiker in die Halligliteratur ein.

Längst profitieren die *Halliglüüd* von den Segnungen der Moderne – von Wasser, von Strom, von Telefon. Und die Halligen stehen »im Netz«. 2010 eröffnete das erste Vier-Sterne-Hotel! Wo? Auf Langeneß! Ausgestattet in nordisch frischem Stil mit handgefertigten hellen Möbeln, die Farben von »Anker's Hörn« spiegeln die Naturschönheiten der Halligen wieder. In der Sauna »Verpuust« kann man sich nach einer steifen Brise aufwärmen. Wer lieber draußen schwitzt, schwingt sich aufs Fahrrad, kämpft gegen den Wind, der von allen Seiten bläst. Schon ab Stärke zwei, drei braucht man daher doppelt so lange wie normal, sofern man sich überhaupt vorwärtsbewegen kann – Fitnesstraining pur. *Zuckersnuuten* werden von der Hotelküche mit süßen Nachmittagsüberraschungen verführt. Zum abendlichen Menü mit Kutterscholle blinkt das Langenesser Leuchtfeuer. Wie im Film! Nur schöner! Wer es dennoch nicht lassen kann, schaltet im Zimmer Satelliten-TV an oder geht ins Internet mit WLAN und Datenkabel, »damit Sie auch im Urlaub jederzeit online sein können«. Will man das auf einer Hallig?

Viele Stammgäste fragen als Erstes, sobald sie wieder auf Langeneß sind, ob noch alles beim Alten sei. Womit sie meinen: Feriengäste wie Einwohner (bloß nicht »Insulaner« sagen!) decken ihren täglichen Bedarf an Brot und Butter, Milch und Käse beim »Halligkaufmann« auf der Hunkenswarft; Sonderwünsche vom Festland bestellt man morgens für den nächsten Tag. Geldautomat? Gibt es auf Langeneß nach wie vor nicht. Tankstelle? Gibt es auch nicht, obwohl an jeder Warft mindestens ein Auto parkt. Wer Sprit braucht, setzt zum Festland über oder zapft seinen Reservekanister an. Langeneß hat auch keine Apotheke, keinen Arzt. In Notfällen ist auf Hubschrauber Verlass. Und Schwangere, die eine Hausgeburt vermeiden wollen (Halligkinder kommen gern bei Flut!), packen rechtzeitig ihren Koffer für eine Klinik in Niebüll oder Husum. Polizei? Nicht nötig. Falls mal was sein sollte, »is aber nie wat«, schippert der »Sheriff von Amrum« rüber. Briefkasten? Wird tidenabhängig geleert. Dazu pfeift und trillert schrill der Austernfischer, auf Langeneß der »Halligstorch«.

Bis zum Aufstieg des Fremdenverkehrs wurde auf den Halligen mit Torfabbau, Vieh und Landwirtschaft der Lebensunterhalt verdient. Und natürlich mit Krabbenfang. In voller Montur standen da die Halligfrauen mit der *Gliep*, eine Art Kescher, im ablaufenden Nordseestrom. In schweren Eimerjochen schleppten sie die *Porren*, so heißen Krabben auf den Halligen, zu ihrer Warft. Wilhelm Dreesen, der 1865 in Flensburg eine »photographische Anstalt« besaß und Initiator der Künstlerkolonie in Ekensund an der Flensburger Förde war, lichtete viele Arbeitsszenen auf den Halligen ab, besonders vom Krabbenfang. Wer ins Halligmeer reist, unbedingt probieren: die *Porrenpann*, ein Frikassee aus Krabben, Butter, reichlich Milch und frischer Sahne, gewürzt mit Zitronensaft, abgeschmeckt mit Salz und weißem Pfeffer, überstreut mit Petersilie, dazu Pellkartoffeln – ein halligtypisches Gedicht!

Eine kuriose Besonderheit bietet schließlich der Langenesser »Lorenbahnhof«. Seit über achtzig Jahren rattern die einst unter Segeln flatternden »Schiffe« über den eisernen Schienenstrang von der Hallig durch die Nordsee nach Dagebüll. Prominentester Lorenlotse weit übers NDR-Sendegebiet hinaus ist Fiede Nissen, der Langenesser Halligpostschiffer. Tagtäglich braust er über den Lorendamm, außer bei Seenebel und Windstärken über sechs. »Störtebeker« ist sein inzwischen drittes »Schiff«, das er aus einem Seenotrettungsboot mit gelbem Postwimpel am Mast ummontiert hat. Der Motor mit acht PS trieb früher einen Rasenmäher an. Jeder auf Langeneß bastelt sich seine eigene Lore. Dem technischen Einfallsreichtum sind keine Grenzen gesetzt, solange ein Mindeststandard an Verkehrssicherheit eingehalten wird: Bremse, Licht, stabiler Sitz. Und alle zwei Jahre müssen die Loren zum TÜV.

Zehn Kilometer zieht sich der Damm von Langeneß bis zum Festland. Auf den Stützpfeilern kleben Seepocken, Muscheln, Tang. Nieten halten jeweils zwei Gleisstücke zusammen. Auf etwa halber Strecke im Wattenmeer liegt Oland mit dreiundzwanzig Einwohnern, sieben Katzen und drei Hunden. Die Hallig ist stolz auf ihren Leuchtturm, als Einziger an der Nordsee hat er ein reetgedecktes Dach. Und in ihrer Kirche, die der Flut von 1825 trotzte, setzten die Oländer durch, dass ausschließlich in Dur gesungen wird. Moll erlebten sie schon genug. Auf der Festlandseite des Lorendamms warnt ein vergnügtes Schild: Füchse verboten! Ob das die Räuber interessiert? Sie könnten, wenn sie wollten, über den Damm nach Oland marschieren und Hühner stehlen …

In der Saison läuft die »MS Rungholt« die gerade mal zwei Quadratkilometer große Hallig an. Sonst nur »Fiede« mit Briefen und Paketen. Hat er nur eine einzige Postkarte dabei, fragt er über Funk, ob er den Text nicht einfach vorlesen könne. Seit über dreißig Jahren holt der vollbärtige blonde Nordfriese in Schlüttsiel die seewasserfesten Postkisten für seine Halligtour ab.

Barfuß läuft Postkollege Knud Knudsen von

Pellworm zweimal wöchentlich zur Hallig Süderoog: sieben Kilometer hin, sieben Kilometer zurück. Mit nacktem Oberkörper in ausgefransten Shorts, den gelben Postsack lässig über die Schulter geworfen. Nur zwei Erdenbürger, Gudrun und Hermann Matthiesen, leben dort draußen im Wattenmeer. 1990, als das Amt für Land- und Wasserwirtschaft einen Wärter für die Hallig brauchte, bewarben sie sich. Ihren Fernseher, den sie damals aus Angst vor Langeweile mitkarrten, haben sie bald ausrangiert. Oft bekommen Matthiesens von Wattwanderern Besuch. Eigenprodukte aus ihrer ökologischen Landwirtschaft werden dann aufgetischt. Hühner, Kühe, Schafe gehören zu ihrer Warft, Apfelbäume, Pappeln, Eschen, ein Pony, ein Pferd. In ihrer guten Stube, dem »Pesel«, kann neuerdings geheiratet werden. Bei Land unter klatscht die Nordsee an die Fensterscheiben.

Wie auf Hallig Habel hat auch auf Südfall nur der Vogelwart vom Verein Jordsand Zutritt. Und dies nur im Sommer. Denn die Hallig ist Brutplatz für Lachmöwen und Sandregenpfeifer, ihr Schillfeld aus Herzmuschelschalen ein Lieblingsort für Zwergseeschwalben. Menschenferne und Einsiedelei suchte Diana von Reventlow-Criminil auf Südfall. 1910 hatte sie die Hallig gekauft und sich eine Villa (!) darauf gebaut. Fünfundvierzig Sommer verbrachte die aus dem Zweig der Holsteiner Reventlows stammende »Halliggräfin« auf Südfall. Zuletzt lebte sie ständig dort, auch im Winter. Bis ins hohe Alter frühstückte sie tagtäglich um neun Uhr in ihrem Bett und nahm anschließend ein Nordseebad. Aber nicht in den wirklichen Wellen vor der Tür. Ein Bediensteter musste das Nordseewasser mit Eimern in ihr Bad holen und es in die Wanne schütten. Bei Frost und Eis schlug der »Bademeister« ein Loch in den Fething, den Süßwasserteich auf der Warft, und schöpfte daraus das gräfliche Nass. Die schöne Diana starb mit einundneunzig Jahren. Vier Pferde zogen ihren Sarg durchs Watt. Südfall ist heute wie Habel eine Vogelhallig. Ebenso Norderoog. Die Hallig liegt am weitesten draußen im Wattenmeer, am Ende der Halligwelt.

Wenn man aus dieser wieder ans Festland zurückkehrt, im Nebel frühmorgens vom Fähranleger auf Hallig Langeneß ablegt, entrücken allmählich die Umrisse jener einzigartigen Naturphänomene, erscheinen die Halligen wie Schiffe am Horizont.

Auf der Milchstraße in die Zukunft

Die Marscheninsel Pellworm mit ihren Überraschungen

Sie ist nach Sylt und Föhr die drittgrößte nordfriesische Insel – ab Hamburg Richtung Süden aber am wenigsten, vielfach überhaupt nicht bekannt. Sie hat fünfmal so viele Schafe wie Einwohner. Knapp dreißig Insulaner verteilen sich auf einem Quadratkilometer. Auf Sylt sind es zweihundertzehn, auf Föhr einhundertvier. Pellworm ist sechs Kilometer breit und sieben Kilometer lang. Jeder kennt jeden. Weshalb tunlichst vermieden wird, sich mit Nachbarn, Freunden oder Verwandtschaft ernsthaft in die Wolle zu kriegen. Kehrseite des sozialen Zwangs: Werte, die andernorts entschwunden sind, haben hier noch Sinn und Gültigkeit, Zusammengehörigkeit vor allem, ob in Vereinen wie »Ökologisch Wirtschaften« oder beim Sport, ob im Naturschutz oder beim *Skat Kloppen,* was auf Pellworm speziell im Winter leidenschaftlich betrieben wird und im Sommer auf tagelangen Turnieren mit Urlaubsgästen! Wem die Decke auf den Kopf fällt, der kann die Insel für ein paar Stunden oder Tage verlassen. Umgekehrt gilt für Stressgeschädigte aus der Stadt: Auf einer Tagesradtour, besser noch an einem Wochenende oder an zweien, salzt Pellworm die Sinne, werden verschlissene Nervenkostüme durch duftende Kornblumen und goldene Rapsfelder wieder aufgefrischt. Die Überfahrt vom Hafen Tammensiel zum Fähranleger Strucklahnungshörn auf der Halbinsel Nordstrand (beziehungsweise anders herum) dauert ungefähr eine halbe Stunde. Die Fähren der Neuen Pellwormer Dampfschifffahrts-Gesellschaft (NPDG) legen abhängig von Ebbe und Flut etwa fünfmal täglich in beide Richtungen ab. Wer sein Auto mitnehmen will, sollte rechtzeitig einen Platz reservieren. Die »Pellworm« ist vor allem während der Saison immer schnell ausgebucht. Als die NPDG 1902 gegründet wurde, war man zwischen Pellworm und Festland um den Heversteert herum noch über zweieinhalb Stunden unterwegs.

Pellworm hat vieles nicht, was andere haben. Wartet stattdessen mit Überraschungen auf, die der Marscheninsel ein eigenwilliges und oft genug urtümliches Gepräge verleihen.

So gibt es keinen Sandstrand. Aber elf »grüne« Strände – ähnlich wie in Büsum. Eine dieser Grasoasen, bestückt mit bunten Strandkörben, erstreckt sich am Fuße des Leuchtturms, dessen zwei bautechnisch gleiche Brüder die rot-weißen Türme von Westerheversand auf der Halbinsel Eiderstedt und Hörnum auf Sylt sind.

Umgeben von den Halligen und den Sandbänken Norderoogsand und Süderoogsand, liegt

Pellworm einen Meter unterm Meeresspiegel und hat daher (neben Nordstrand) die höchsten Deiche an der deutschen Nordseeküste. Denn über Jahrhunderte hinweg wurde die Insel, die im Kern aus dem Westteil der 1634 vom Orkan zerrissenen Insel Alt-Nordstrand besteht, von Flutkatastrophen heimgesucht. Die Marschen gehörten einst zu den reichsten und fruchtbarsten in Nordfriesland. Doch waren die Ernteverluste durch immer neue verheerende Fluten 1717, 1791, 1793, 1825 so beträchtlich, dass die Landwirtschaft empfindlich litt. Heute sind die Deiche auf Pellworm acht Meter hoch und umschließen die Insel rundherum. Gäbe es diesen Schutzwall nicht, würde Pellworm bei heranstürmenden Wassermassen wie ein Becken volllaufen.

Wahrzeichen von Pellworm ist die Alte Kirche. Sie war die Hauptkirche von Alt-Nordstrand. Der gotische Turm, in den mittlerweile Turmfalken einzogen, ist eine Ruine, verwittert und verfallen. Indes nicht als Opfer von Sturm. 1611 bereits stürzte er infolge seiner Baufälligkeit ein. Die Orgel im rund tausend Jahre alten Kirchenschiff, errichtet auf Sandstein nahe dem Seedeich, schuf 1711 Arp Schnitger. Es ist das einzige Werk des berühmten Barock-Orgelbauers auf einer nordfriesischen Insel. Organisten aus ganz Europa reisen an, um die Klangfülle in sich aufzunehmen. Die Pellwormer Sommer-Orgelkonzerte schreiben seit vielen Jahren Kirchenmusikgeschichte. Immer wieder auch spielt Matthias Janz, Kirchenmusikdirektor und Kantor von St. Marien in Flensburg, »in schönsten Tonfarben« auf der Pellwormer Orgel Dieterich Buxtehude, Melchior Franck oder Johann Sebastian Bach. Die nur mit Kerzen beleuchtete Backsteinkirche ist dann stets Wochen vorher ausverkauft.

Herausragende Zeitzeugin der Inselhistorie, die wie die Alte Kirche allen Nordseeangriffen widerstand, ist die Nordermühle. Seit 1652 drehen sich ihre weiten wolkenweißen Flügel. Vor einigen Jahren landete der Galerieholländer auf dem Immobilienmarkt. Sofort hatten wir uns zur Besichtigung nach Pellworm aufgemacht. Im Kopf einen stillen Traum von Atelier und Wohnen und Schreibwerkstatt … Doch unser Vermögen reichte erwartungsgemäß nicht aus. Inzwischen fand die Mühle neue Eigentümer. Sie richteten Ferienwohnungen unterm Gebälk ein. Aus den seeseitigen Fenstern reicht der Blick in die Unendlichkeit.

Maler zog es auf die ruhige bäuerliche Insel mit ihren ehrwürdigen Vierkanthöfen und überdurchschnittlich vielen Sonnenstunden kaum. Und so fehlen denn in der Pellwormer Chronik berühmte Künstlernamen. 1923 indes reiste Hans Leip aus Hamburg an. Der Sohn eines Schauermanns, Texter des Welthits »Lili Marleen«, malte auch. Auf Pellworm schuf er zarte Aquarelle von Warften »bei beginnendem Regen« oder »nach dem Regen« oder »bei Ebbe und auffrischendem Ostwind«. Mit nassem Pinsel fing er das vibrierende Sommerlicht ein, hielt er Marschwiesen fest, grünbraun von Prielen durchtränkt.

In vergleichbarer Mission, wiewohl auf die Menschen der Insel konzentriert, entdeckte 1970 Ulrich Mack Pellworm. Der damalige Bildreporter vom *stern* hatte bei Alfred Mahlau, dem Erfinder des Logos von Lübecker Marzipan, an der Hochschule für bildende Künste in Hamburg studiert. Pellworms Panorama brachte den Fotokünstler außer Rand und Band. Über vierzehn Tage harrte er mit Großbildkamera und Stativ an ein und derselben Stelle aus, wartend auf passendes Licht, auf sprechende Schatten. Viele Pellwormer schüttelten den Kopf, meinten, fotografieren könne dieser Mann nicht, aber er sei hartnäckig. Dass Ulrich Mack um jene Zeit schon den World Press Award in der Tasche hatte und dazu etliches »Gold« vom Art Directors Club, wussten sie nicht. Woher auch? Lebte man doch auf der Insel weit weg von der Festlandzivilisation mit all ihrem Pipapo, kam man beispielsweise ohne Straßennamen aus, hießen die Adressen schlicht Großer Koog Nummer soundso. Und jeder auf Pellworm sprach Platt, wie es bis heute weithin der Fall ist. Dieses Unverstellte faszinierte Ulrich Mack, sodass er immer wieder kam. Nach einer Weile gelang es ihm, das Vertrauen der Pellwormer zu gewinnen, ließen sich Schiffer, Bäuerinnen und Bauern, Sattler, Hausschlachter, Schuhmacher von ihm porträtieren. »Auf vielen Gesichtern zeigt sich ein freundlicher Vorbehalt«, beobachtete Siegfried Lenz, der Ulrich Mack bei seiner Arbeit über die Schulter geguckt hat, »einige sehen aus wie überrascht, andere verraten gesammelte Duldsamkeit.« 1980 erschien die Foto-Dokumentation im Selbstverlag. Eine Rarität, die man mit etwas Glück antiquarisch noch aufstöbern kann.

Europaweit machte sich Pellworm einen Namen, seitdem im Zuge des ökologischen Aufbruchs auf der Insel begonnen wurde, aus Wind, Sonne und Biomasse Energie zu schöpfen. Inzwischen gewinnen die Pellwormer doppelt so viel Megawattstunden wie sie zur eigenen Versorgung benötigen. Ein Seekabel »exportiert« den Stromüberschuss. Zukunftsvisionen erklärt eine Multimediashow im Pellwormer Info-Café des Solarkraftwerks. Dass die rund tausend Insulaner selbst keine Stromfresser sind, liegt auf der Hand. Dass sie aber ohne Straßenbeleuchtung auskommen, bewusst sogar darauf verzichten, verdient Respekt. Zumal dies nicht einzig aus Sparsamkeitserwägungen geschieht, sondern aus vollem Genuss an ihrem wahrhaft überirdisch schönen Sternenhimmel. Genießen Sie ihn auch! Und pflücken Sie sich in klaren Nächten auf der Milchstraße einen Strauß Kleeblätter!

Mystisches bietet Pellworm wie die Halligen unterirdisch im Watt. So kann man Tonscherben, Krüge oder Brunnenringe finden, die vom sagenhaften Rungholt erzählen. Bitte solche Funde nicht als Souvenir mit nach Hause nehmen, sie gehören dem Land Schleswig-Holstein, werden von Archäologen datiert und archiviert, damit die Geschichte der Uthlande weiterlebt.

Schickimicki ist Pellworm fremd, auch überkandidelte Küche. Ausgelobte Kochmützen gibt es daher auch nicht. Aber: Sechs Krabbenkutter, die von März bis November auf Fang gehen. Keine nordfriesische Insel kann an dieser Traditionspflege klingeln! Amrum zählt bloß noch einen, Föhr zwei und Sylt – sieht man vom letzten Hobby-Krabbenfischer ab – keinen. Wer mehr über Pellworms Überraschungen lesen will, abonniere *De Pellwormer*. 1996 starte die Inselzeitung mit einer Auflage von tausendfünfhundertfünfzig Stück. Tag des Erscheinens: jeweils der letzte Freitag im Monat, vierzig Seiten dick. Bis heute existiert das Heimatblatt, unverändert und krisenresistent! Das mache einer nach!

Eisige Schöne

Wintermärchen im Wattenmeer

Viele Jahre haben sie uns im Stich gelassen. Nun sind sie wieder da – die Eiswinter! Mit grauweiß befrackten Nebeln, deren Schwaden auf gefrorenen Wellen gewagte Pirouetten drehen! Schneewällen, die sich am Strand übereinanderschichten und Nordpol spielen! Glaswänden, die der Frost aus Flutwellen gießt und wie Theaterkulissen an Promenaden schiebt! Steine am Spülsaum verkleiden sich in Eiskonfekt, Muschelschalen mit Eiskristallen in unbezahlbarem Abendschmuck! Blaue Nasen wandern unterm blauen Himmel! Zwischen verschneiten Wimpern verwischen die Konturen, verschwimmen die Impressionen. Schneeverwehungen summen wundersame Melodien. Am kältesten ist es am Wattenmeer gewöhnlich im Februar.

Eisbären verirren sich nicht in die nordfriesischen Gewässer. Aber die Schneeammer, der nördlichste Brutvogel der Welt. Und je stärker es stürmt und schneit, desto wohler fühlt sich der zarte arktische Gast. Wintergäste aus dem Rheinland sehen das anders. Trotz Eiergrog und Teepunsch vorm Zubettgehen, wachen sie nachts wegen kalter Füße auf. Die Schneeammer schläft in ihrem mit Federn ausgepolsterten Nest alkoholfrei durch. Das Leben ist hart und ungerecht. Besonders an der Küste.

Sibirische Kältehochs sind es, die zusammen mit schneidendem Ostwind die Temperaturen in Nordfriesland unter null zwingen. Und wenn dazu noch kräftig Schneeflocken fallen, verzaubert sich die Wattlandschaft in ein Wintermärchen – mit Eismützen auf Duckdalben und Buhnen, weiß eingestäubten Dünenbergen, Eisgruß auf der gekräuselten See und Eiszapfen, die wie Fransen an den Rändern von Reetdächern hängen.

Der Landschaftsmaler Jan Lass, Mitglied der Künstlergruppe »De Warft«, schuf 1923 Aquarelle vom Eiswinter auf Sylt, »Bilder der Polarwelt«, wie die *Flensburger Nachrichten* damals annoncierten, »Treibeisnächte unter unheimlichem schwarzen Himmel, leuchtende Firnträume, perlmuttfarbene Nebeltage und ein Sonnenaufgang wie am ersten Schöpfungstage«. In strengen Wintern, so 1891/92 oder 1888/89 oder 1904/05, wenn Watt und Wasserwege durch Eisgang unpassierbar waren, beförderte man die Post zwischen den Inseln, Halligen und dem Festland auf Eisbooten. Die wuchtigen Gefährte hatten Kufen, wurden von mehreren Männern in kniehohen Stiefeln, die gegen die klirrende Kälte mit Stroh zugestopft waren, übers Eis geschoben oder mit Riemen gezogen.

Der Monatsname Februar leitet sich aus dem Lateinischen »februare« ab und bedeutet so viel wie »reinigen«. Die Römer kehrten ihre Häuser seinerzeit mit Salz, betrachteten den Februar als Zeit der Läuterung, als Neubeginn nach Wochen der Dunkelheit. Reinigen – das geschieht auf besondere Weise im winterlichen Wattenmeer: durch die klare salzhaltige Luft, die beim Ein- und Ausatmen den Körper »säubert«, und das blendende Nordlicht, das in alle Ecken und Winkel unserer Seele scheint, selbst in fest verschlossen geglaubte Kammern. Ungewohnte Stille herrscht im Eiswinter an Strand und Watt, durchbrochen nur von den Posaunen der Singschwäne, die in großen Schwärmen der Kälte entfliehen – auf der Suche nach offenen Meeresstellen.

Früher gab es immer dicke Winter, Jahr für Jahr. 1963 konnte man nach Sylt über die Nordsee mit dem Auto fahren! »Eis-Avus« wurde die Piste übers Watt von Niebüll Richtung Westerland genannt. »Winter in de Kinnertiet«, so der nordfriesische Künstler Dieter Staacken von der Halbinsel Eiderstedt, »dat weern natte Fööt, koole Hannen un'n blanke Nees«, doch außer nassen Füßen, kalten Händen und kalter Nase, hieß Winter vor allem »Snemann un Sneehöhlen buun, Glitschbahn mit Water angeten, Sneeballslachten dörstahn, Deerns mit Snee inseepen«.

Im Eiswinter 2010 schienen die nordfriesischen Inseln und Halligen von einem endlosen Eismeer umgeben, brachte Eisgang den Schiffsverkehr zum Erliegen, türmten sich nach wochenlangem Dauerfrost Eisschollen auf. »Gletscherschrammen« auf dem Wattboden zeugen von diesem Schauspiel, sobald Tauwetter aufkommt und die Winterbühnen wieder abräumt. Nachts unterm Sternenhimmel leuchten die Dünen kobaltblau wie auf den Delfter Fliesen in den Friesenstuben. Und hinter den Kachelöfen hüpfen die Puken hervor … derweil aus der Küche »Pharisäer« duftet, gebraut aus heißem Kaffee, 'n Schuss Rum und einer üppigen Sahnehaube obendrauf. Die Geschichte des aufwärmenden Küstennationalgetränks finden Sie auf jeder Speisekarte, in jedem nordfriesischen Tourismusprospekt. Was da aber nicht immer steht: Auf keinen Fall den »Pharisäer« umrühren! Sondern durch die Sahne hindurch den Kaffee schlürfen, also durch Kalt und Heiß gehen! Zu vorgerückter Stunde sich dann gern noch einen (oder auch zwei) »Eisbrecher« genehmigen, heißen Rotwein mit Rum – Augen schließen und träumen. Das Wattenmeer haben wir der letzten Eiszeit zu verdanken, die Wintermärchen heute führen kleine Stücke aus der großen Vergangenheit vor. Reservieren Sie sich rechtzeitig Karten für die »Eisige Schöne«! Spätestens im Oktober beginnt alljährlich der Vorverkauf!